Cincuenta y dos
pequeñas lecciones de
¡Qué bello es vivir!

Cincuenta y dos pequeñas lecciones de *¡Qué bello es vivir!*

Bob Welch

Traducción de
Pablo Hermida Lazcano

Plataforma
Editorial

Título original: *52 Little Lessons from It's a Wonderful Life*,
originalmente publicado en inglés, en 2012, por Thomas Nelson

Published by arrangement with Thomas Nelson, a division of HarperCollins Christian Publishing, Inc.

Primera edición en esta colección: noviembre de 2021

Plataforma Editorial
c/ Muntaner, 269, entlo. 1ª – 08021 Barcelona
Tel.: (+34) 93 494 79 99
www.plataformaeditorial.com
info@plataformaeditorial.com

Depósito legal: B 16758-2021
ISBN: 978-84-18582-58-5
IBIC: VS

Printed in Spain – Impreso en España

Diseño y realización de cubierta:
Grafime

Fotocomposición:
gama, sl

El papel que se ha utilizado para imprimir este libro proviene de explotaciones forestales controladas, donde se respetan los valores ecológicos, sociales y el desarrollo sostenible del bosque.

Impresión:
Estellaprint

A aquellos que poseen la convicción para creer
y el coraje para explorar.

Lo que necesitamos con apremio no es hacer cosas,
sino creer en las cosas.

OSWALD CHAMBERS

Índice

Nota del autor

Un banco de la ciudad en la que vivo exige un interesante requisito para todos los nuevos empleados durante el programa de orientación: han de ver una serie de escenas de *¡Qué bello es vivir!*

«El mensaje de esa película —me explicó el presidente del banco— es el mensaje con el que deseamos que acudan a diario al trabajo nuestros empleados: la idea de que nuestras acciones marcan una diferencia en la comunidad a la que pertenecemos».

Yo vi por primera vez el filme en mi época universitaria, durante unas vacaciones en casa a mediados de los años setenta. Y, a lo largo de las décadas, he llegado a apreciar en la película lo mismo que valora el presidente del banco. Es un «momento pedagógico» de hora y media de duración.

A lo largo de esos años, de vez en cuando iba poniendo por escrito alguna de esas lecciones. No tardé mucho en percatarme de que contaba con una lección semanal para un año entero: cincuenta y dos pepitas de sabiduría. Así pues, este largometraje puede ser algo más que un mero entretenimiento vacacional. Dado que en nuestra familia, como en tantas otras, existe la tradición de verla cada mes de diciembre, la película puede inspirarnos para vivir unas vidas mejores. Para reconocer lo que importa realmente. Para ser personas honorables e íntegras.

Desde hace casi cuatro decenios, me gano la vida escribiendo libros y artículos para revistas y periódicos con un énfasis decidido en las personas que inspiran. George Bailey, Mary Hatch y otros muchos personajes del reparto de *¡Qué bello es vivir!* son ciertamente ejemplares y, en esencia, perviven en todos aquellos que se toman en serio las lecciones discretas, pero enriquecedoras, que aprenden en Bedford Falls.

BOB WELCH
Eugene, Oregón

1. Dios honra nuestra «fe infantil»

Sí, pero tiene la candorosa fe de un niño.

EL ÁNGEL FRANKLIN

La escena inicial de *¡Qué bello es vivir!* nos ofrece una de esas lecciones de vida que te pierdes si pestañeas y cuya profundidad puede pasar inadvertida fácilmente. En el cielo, los ángeles Joseph y Franklin, representados por sendas estrellas centelleantes, están discutiendo a quién podrían enviar a la tierra a ocuparse de un suicida llamado George Bailey. Joseph sugiere que es el turno de un ángel llamado Clarence, aunque lamenta que este «tiene el coeficiente intelectual de un conejo».

«Sí —dice Franklin—, pero tiene la candorosa fe de un niño».

Este es un gran elogio. No solo proviene de un ángel, sino al parecer de un ángel de alto rango, habida cuenta de que Franklin tiene la autoridad última para decidir quién será enviado a la tierra para intentar salvar la vida de un hombre. Presumiblemente, la pléyade angelical se extiende mucho más allá de Joseph y Clarence. Y, sin embargo, Clarence es «el elegido» de Franklin en este caso.

¿Por qué? Desde luego no por su historial. Después de todo, Clarence es tan solo un Ángel de Segunda Clase. Todavía no se ha ganado las alas, y el comentario de

Franklin de que «hemos desistido» sugiere que no es porque no le hayan dado la oportunidad de demostrar su valía. El propio Clarence da a entender que su trayectoria deja bastante que desear, al decirle a Franklin que lleva más de doscientos años esperando para ganarse las alas y «la gente empieza a murmurar». Claramente se trata de un ángel con problemas, entre los cuales figura su complejo de inferioridad.

La idea de que Clarence tal vez no sea el más espabilado de los ángeles es recalcada por su apellido, Odbody («Bicho Raro»), que no solo sugiere que es un pelín extravagante, sino que también puede provenir de un extenso linaje de tipos estrafalarios. Físicamente resulta decepcionante, un personaje de aspecto pusilánime con un camisón bordado del siglo XVII. Y su ineptitud es subrayada por el comentario de Joseph acerca de su «coeficiente intelectual de un conejo», suponiendo, por supuesto, que la opinión de Joseph no esté distorsionada por algún tipo de sesgo. Y aparentemente no lo está, dado que Franklin no discrepa de Joseph sobre el particular. Parece sugerir que, en efecto, eso puede ser cierto, pero que hay que priorizar otros factores.

El más importante de estos considerandos, sugiere Franklin, es la fe del ángel. Y esta es algo tan relevante que triunfa sobre todo lo demás.

¿Qué es, pues, esa «fe infantil» que Franklin tiene en tan alta estima? Para empezar, es algo que no debemos tomarnos a la ligera. En Mateo 19, 14, cuando los discípulos reprenden a aquellos que han llevado niños pequeños a Jesús, ¿qué es lo que dice este?: «Dejad que los niños vengan a mí y no se lo impidáis, porque de los que son como estos es el reino de los cielos».

Es evidente que a Jesús le encantan los niños. Ve algo especial en ellos. Los defiende de manera semejante a como Franklin ve algo en Clarence y lo defiende. Pero ¿dónde radica el enorme atractivo del enfoque de la fe de los niños? Aunque Jesús no nos da más pistas al respecto, la respuesta estriba en la forma en que estos se plantean la vida. En cuanto que niños, no estamos hastiados por la sofisticación del mundo. Somos reales. Somos humildes. Estamos dispuestos a reconocer nuestras necesidades y a confiar en que otros pueden ayudarnos. Somos modestos y aventureros. Somos alegres e imaginativos. Y somos intrépidos y estamos dispuestos a asumir riesgos; una versión juvenil de lo que el maestro de la Biblia de principios del siglo XX Oswald Chambers denomina «alegría imprudente».[1]

Y después, por supuesto, crecemos. ¿Y qué sucede? En muchos casos nos hastiamos del mundo. En lugar de ser auténticos, racionalizamos nuestros comportamientos. Aprendemos a dar un sesgo personal a nuestros defectos en lugar de ocuparnos de ellos. Nos volvemos pretenciosos. Nos lanzamos a toda suerte de aventuras físicas, pero somos cobardes en lo que concierne a las relaciones, saltamos de una persona a la siguiente y nos falta valor para comprometernos.

Ocultamos nuestras necesidades ante los demás. Ante Dios. Ante nosotros mismos. Vamos a lo seguro y nos conformamos con demasiado poco en la vida. En lugar de vivir por la fe, abrazamos una de las múltiples formas de legalismo, ya sea en alguna versión secular, ya en una religiosa. En vez de intentar agradar a Dios con la simple fe, complicamos las cosas tratando de demostrarle cuán valiosos somos mediante nuestras obras. Estamos llenos de temor, pero lo enmascaramos con nuestras ocupaciones, adicciones o racionalizaciones, mientras nos afanamos desesperadamente en convencernos de que estamos satisfechos. En realidad, poco sabemos de la «alegría imprudente» de Chambers.

Clarence no. No, señor. Él es auténtico y vive para unos ideales más profundos en lugar de limitarse a dejarse llevar por la corriente; ideales que dimanan de su aproximación infantil a la vida. Puede que el bar de Nick sirva «bebidas fuertes» para «hombres que quieren emborracharse deprisa», pero Clarence pide el «vino caliente y especiado, con mucha canela y poco clavo». Es humilde y honesto. («No tuve tiempo de coger ropa interior elegante. Mi mujer me regaló esta en mi último cumpleaños. Morí con ella»). Es imaginativo; recordemos que el punto de vista en torno al cual gira toda la película —George viendo cómo habría sido la vida sin él— fue idea de Clarence. Y finalmente, es un hombre —mejor dicho, un ángel— sencillo, lleno de fe infantil.

Clarence cree en George Bailey. Cree en su plan para ayudar a salvarlo. Pero, por encima de todo, cree en aquel que lo ha enviado y rezuma un cierto sentido de privilegio por haber sido elegido para formar parte de su plan.

Sí, es un ángel tonto llamado Clarence. Pero el uso que el director Frank Capra hace de él en este sentido afirma verdades más profundas a propósito de un Dios que ha escogido con frecuencia a la clase de personas que el mundo en general no habría elegido: David, un humilde pastor; Moisés, un tartamudo con baja autoestima; y Rahab, una prostituta. Al escoger a Clarence, Capra, a sabiendas o no, promovió una verdad acerca de la fe infantil sugerida en 1 Corintios 1, 27: «Ha escogido Dios más bien lo necio del mundo para avergonzar a los sabios. Y ha escogido Dios lo débil del mundo para avergonzar a lo fuerte».

En vista de ello, ¿podría utilizar asimismo a personas imperfectas como tú y como yo?

2. Los desvalidos importan

Recuerde esto, señor Potter: esa chusma de la que usted habla... trabaja, paga, vive y muere en esta comunidad.

GEORGE BAILEY

Estamos en 1928. Peter Bailey ha muerto, el miembro de la junta directiva Henry F. Potter quiere disolver la compañía de empréstitos, y el hijo de Peter, George, que va a ir a estudiar a la universidad, corre a defender el nombre de su padre.

Olvidemos ahora que el taxi está esperando abajo, presumiblemente para llevar a George a la estación de tren de la que va a partir hacia alguna escuela de ingeniería para aprender a «construir cosas». (Y, por favor, querido lector, no dediques ni un nanosegundo a intentar entender cómo Potter, en una época anterior a la Ley para Estadounidenses con Discapacidades, sube en su silla de ruedas hasta lo que parece ser el segundo piso de la compañía de empréstitos). El caso es que todavía está caliente el cuerpo de Peter Bailey y el viejo gruñón Potter ya está mancillando el nombre de su rival.

Entra George, con el brazalete negro de luto en la manga de su abrigo y su ira creciendo como la ceniza del monte Santa Helena allá por 1980. Recordemos que la batalla de Potter contra Peter se lleva librando al menos una década, desde aquel día de su niñez en que George acude a su padre en busca de consejo durante el incidente del señor Gower y el veneno y oye a Potter tachar a su padre de «miserable fracasado», que no está dirigiendo un negocio, sino una «institución benéfica».

George había salido entonces en defensa de su padre —«¡No es un fracasado!»— y vuelve a defenderlo ahora. Cuando Potter desdeña a Peter Bailey como un «ingenuo soñador» que echaba a perder la empresa mientras intentaba cuidar de la «holgazana chusma» de la ciudad, George estalla.

«No ahorró suficiente dinero para mandar a Harry a la universidad y menos a mí —dice—. En cambio, ayudó a unas cuantas personas a salir de los suburbios, señor Potter. ¿Y qué hay de malo en ello?» Potter pone los ojos en blanco y bosteza. Pero George no ha terminado. «Recuerde esto, señor Potter: esa chusma de la que usted habla... trabaja, paga, vive y muere en esta comunidad. ¿Acaso supone un exceso conseguir que trabaje, pague, viva y muera en un par de habitaciones decentes y un baño? Al menos mi padre creía que no.»

Los Bailey han sido desde hace tiempo —y, gracias a George, continúan siendo— defensores de los desvalidos, hacedores de Mateo 5, 42: «Dale a quien te pida, y al que desea que le prestes algo no le vuelvas la espalda». La compañía de empréstitos es claramente un lugar para las personas, que concede a los vagabundos el beneficio de la duda. La actitud no es «Demuéstrame que te mereces nuestra ayuda». La actitud es «¿Cómo podemos ayudarte a ayudarte a ti mismo?».

Potter rechaza una solicitud de préstamo de Ernie Bishop, el taxista que, según dice, «se pasa todo el día amuermado en su taxi». La compañía de empréstitos le concede un préstamo de cinco mil dólares para ayudarle a él y a su familia a construir una casa.

Potter se refiere indirectamente al señor Martini, el dueño del bar restaurante italiano, como un «comedor de ajos». No solo la sociedad de empréstitos ayuda a Martini a comprarse una casa, sino que, además, George y Mary encabezan la celebración *in situ* el día que la familia toma posesión de ella.

Cierto es que la película describe a Violet Bick como una coqueta que probablemente no cursó estudios de posgrado en el MIT. (En la escena del baile, observarás que es la única chica vestida de negro, una insinuación de que es una persona un tanto turbia). Ahora bien, mientras que Potter la considera una fresca y, cuando George acude a verlo en Nochebuena, llega a sugerir que George y Violet se están viendo a escondidas, George la trata con un profundo respeto. En el baile, incluso cuando, al ver a Mary, George deja pasar la oportunidad de bailar con Vi, tiene la decencia de decir: «Discúlpame, Violet». Y, lo que es más importante, en esa Nochebuena decisiva, en medio de toda la emoción causada porque su hermano Harry ha recibido la «Medalla de Honor del Congreso» y todo el terror del inspector del banco que quiere examinar los libros de la compañía de empréstitos —y con el reconocimiento por parte de George ante el inspector bancario de que la compañía está en quiebra—, saca tiempo para atender a Violet cuando esta pasa por la oficina. No solo eso, sino que podemos suponer asimismo que el papel que le entrega en un sobre es una carta de referencia para su traslado a Nueva York. Luego le da algo de su propio dinero para ayudarla a empezar y, cuando esta protesta, le replica: «Se trata de un préstamo. En eso consiste mi negocio. Construir y prestar».

Es una escena sutilmente poderosa: básicamente, una persona arruinada concediendo a otra persona arruinada un préstamo que todos sabemos que no es un préstamo en absoluto. Es un regalo puro y duro. En el mundo de Potter, aquel que muere con más dinero y poder es el ganador; sus bienes son poder, y el poder equivale a la virtud. En cambio, en el mundo de los Bailey, quien posee algo, por poco que sea, debería compartirlo con aquellos que nada tienen.

A ojos del mundo —o al menos del mundo del viejo Potter—, lo que importa es lo que puedes conseguir. A ojos de los Bailey, lo importante es lo que puedes dar. (Obsérvese ese cartel en el despacho de Peter Bailey: «Todo cuanto puedes llevarte contigo es aquello que has regalado».)[1]

¿Quién vive la vida más rica? Preguntémoselo al señor Potter en Nochebuena, cuando está sentado a solas en su despacho mientras la ciudad brinda por George Bailey.

3. A veces solo tienes que bailar

¿Recuerdas a mi hermana pequeña Mary?
¿Podrías bailar con ella?

MARTY HATCH

Es primavera, y Mary Hatch y Harry Bailey forman parte de la clase que se gradúa en 1928 y que celebra su baile en el gimnasio de Bedford High; ya sabes, el del suelo retráctil que desvela una piscina. (Filmado, por cierto, en Beverly Hills High, donde todavía existe esa instalación de gimnasio y piscina).

George ha acudido a regañadientes. ¿Por qué? En primer lugar, porque Harry lo había invitado esa misma noche durante aquella enérgica escena de la cena en el hogar de los Bailey. «¿Qué dices? —responde George—, ¿y que me muera de aburrimiento?». Y, en segundo lugar, porque su discusión con su padre acerca de la posibilidad de hacerse cargo de la Compañía de Empréstitos Bailey ha enturbiado levemente su sueño cristalino de ir a la universidad y posteriormente, como le explicó a su padre, «construir cosas..., diseñar nuevos edificios..., proyectar ciudades modernas».

Así pues, incluso un baile de instituto —George tiene veintidós años en esa escena— podría ayudarle a olvidar que quizás haya decepcionado a su padre o, Dios no lo quiera, vaya a acabar «encerrado para el resto de [su] vida en una pequeña y destartalada oficina».

Poco importa que Jimmy Stewart tuviera treinta y ocho años cuando se rodó la película; George está atrapado en un lugar incómodo: no es realmente un hombre ni es realmente un niño. No se siente a gusto hablando de carreras con los padres ni rodeado en el baile de los amigos de su hermano, unos chicos a los que saca cuatro años.

Por citar una canción de la década de 1960: «Entonces llega Mary».[1]*

Marty, el hermano mayor de esta —que había aparecido en esa escena inicial de los trineos, bajando en su pala de nieve la montaña helada justo detrás de George—, le pide un favor: «¿Recuerdas a mi hermana pequeña Mary? ¿Podrías bailar con ella?».

George es un tipo responsable; «ha nacido mayor», dice su padre. ¿Por qué habría de querer bailar con la hermana pequeña de Marty, esa niña que está en el mostrador de los refrescos, a la que empieza tratando de «estúpida», esa chica que...

¡Vaya! De repente la ve. *Esa* es la razón, advierte mientras el rostro de suaves contornos de la muchacha mira hacia él. Es preciosa. Una flor totalmente abierta. (Por cierto, por aquel entonces, Donna Reed era, a sus veinticinco, solo siete años mayor que la Mary Hatch a la que interpretaba). Y, sin embargo, aunque George se muestra

* «*Then along comes Mary*» (*N. del T.*)

muy seguro de sí mismo —al hablar de la universidad, de construir ciudades modernas, etcétera—, no es un tipo atrevido, que digamos. Después de todo, presumiblemente se ha pasado los cuatro últimos años trabajando para su padre en la compañía de empréstitos. Y probablemente no sepa bailar mejor de lo que el viejo Potter sabe sonreír.

Pero ¿qué es lo que hace? Baila con Mary Hatch. Y no un baile puramente maquinal, sino una enérgica interpretación del charlestón, con una sonrisa amplia y con desenfreno, entrecruzando las rodillas con las manos y todo lo demás. Sigue bailando incluso después de que su hermano Harry anuncie que se trata de un concurso, lo que, por supuesto, le habría brindado una estupenda excusa para librarse, alegando que no es «lo suficientemente bueno». Continúa bailando hasta cuando la pista comienza a dividirse como el mar Rojo. Sigue bailando incluso una vez que Mary y él han caído a la piscina.

¿Y sabes qué?

Aquello le cambia la vida. De veras. Si George no hubiera corrido ese pequeño riesgo, puede que jamás hubiese acabado con Mary, quien saca lo mejor de él, de sus hijos y de Bedford Falls. Ah, y por cierto, hay un pequeño guiño, avanzada la película, que sugiere que George y Mary causaron sensación con los jueces y ganaron el concurso de charlestón. En la escena del pánico bancario, mientras George está en la ventana justo antes de hablar por teléfono con el viejo Potter, vemos un trofeo en una vitrina. Se parece sospechosamente al que su hermano Harry, organizador del certamen de baile, estaba sosteniendo al anunciar el evento.

El camino seguro —el confort— resulta seductor, pero no desarrolla el carácter. Ni abre posibilidades. Ni permite ganar concursos de baile. Ni te lleva a enamorarte ni te cambia la vida.

Por consiguiente, cuando se te presente la oportunidad, baila. Como dice George, justo después de confesarle a Mary que no es un bailarín: «¿Qué podemos perder?».

4. Al mundo le importas

> Es curioso, ¿verdad? La vida de cada hombre afecta a muchas otras vidas, y cuando él no está deja un terrible vacío, ¿no es cierto?
>
> CLARENCE

En su *tour* de Nochebuena de «La vida sin George», nuestro atormentado protagonista acaba de ver cómo su madre le cierra la puerta en las narices en la pensión de Mamá Bailey. Esta no admite siquiera conocer a George, ¿cómo iba a conocerlo? Después de todo, en la estratagema de Clarence para hacer comprender a George lo importante que ha sido su vida, le muestra cómo habría sido la vida si él nunca hubiera nacido.

Tras el encuentro, el joven señor Bailey sigue convencido de haber sido sometido por Clarence a «alguna clase de hechizo». Su desesperación se refleja en uno de esos dramáticos primeros planos de Capra del rostro de George. Vemos una expresión de pánico, de temor, de desconcierto emocional, totalmente opuesta a ese primer plano optimista anterior en la película, cuando Capra muestra un fotograma congelado de su joven prodigio en busca de una maleta con la que poder viajar por el mundo. («Yo, yo, yo quiero una grande...»)

En medio del caos de George, Clarence está apoyado en el buzón de la acera, sosteniendo en su mano un ejemplar de *Tom Sawyer*. Entonces pronuncia las palabras más profundas de la película: «Es curioso, ¿verdad? La vida de cada hombre afecta a muchas otras vidas, y cuando él no está deja un terrible vacío, ¿no es cierto?».

En resumidas cuentas, somos importantes. Marcamos una diferencia. Somos los proverbiales guijarros en el agua; nuestras ondas se expanden mucho más de lo que pensamos.

Clarence sabe que la única manera de restaurar a George en su plenitud pasa por hacerle comprender esto. Por consiguiente, con lo que podemos suponer que son las facultades que Dios le ha concedido, Clarence decide mostrarle a George cómo habría sido la vida sin él. ¿Con qué fin? Para recordarle cómo es la vida *con* él: la manera en que sus acciones, palabras y actitudes han influido en aquellos que lo rodean.

Con George en el mundo, su hermano Harry, como piloto de la marina en la Segunda Guerra Mundial, salva un transporte entero derribando quince aviones, «dos de ellos —nos recuerda Joseph— cuando estaban a punto de estrellarse contra un transporte lleno de tropas». Al no estar George ahí para salvar a Harry de caer en el hielo en esa secuencia inicial, todos aquellos hombres murieron.

Con George en el mundo, sus familiares y amigos —¡qué demonios!, la comunidad entera— son personas optimistas, productivas y generosas. (Un tanto inverosímil, desde luego, pero una infinidad de películas inspiradoras sobrepasan aquí y allá los límites de la credibilidad; ¿qué tiene de malo un poco de sensiblería?).

Con George en el mundo, el señor Gower, el farmacéutico, pese a su comprensible desliz emocional tras la muerte de su hijo, está feliz y sobrio; sin George, es un triste borracho que anda dando traspiés en el bar de Nick, con la autoestima tan baja que busca la aceptación interpretando el papel del tonto del pueblo.

Sin George, Ernie el taxista, en lugar de ser un conductor parlanchín, está separado de su «esposa e hijo»; la madre de George es una mujer hosca que regenta una pensión, con un corazón tan frío como el río en el que se ha sumergido su hijo; y Nick es un triste barman que dirige un negocio destinado a «servir bebidas fuertes... para hombres que quieran emborracharse deprisa».

Es evidente que Clarence estaba en lo cierto: marcamos una diferencia abismal y, cuando ya no estamos, dejamos vacíos terribles.

En ausencia de George, el poder de Potter corrompe Bedford Falls, que ahora se llama Pottersville. Podemos suponer que Violet ha traspasado la línea de la más inocente coqueta del lugar para convertirse en una prostituta hecha y derecha («Te esperaremos, nena», le dicen los tipos, y probablemente no están pensando en jugar una partida de Monopoly). Y Mary, en fin, los bibliotecarios no se emocionarán al saber que, al no estar George para casarse con ella, se convierte, en las reticentes palabras de

Clarence, en «una solterona» que está «a punto de cerrar la biblioteca». (Como si, de haberse convertido, pongamos por caso, en una asesina del hacha que se hubiese casado, las cosas no hubieran sido tan malas).

Perdonemos el nada sutil sexismo de Capra; era un hijo de su época. Y perdonemos su desconcertante decisión de mantener abierta una biblioteca hasta tarde en Nochebuena. La idea principal es aquí que, en el vasto universo de Dios, somos importantes, que nuestras acciones modifican las acciones ajenas. Y que, cuando ya no estamos presentes, se nos echa en falta.

En un mundo en el que resulta fácil sentirse pequeño e insignificante, ¿podría haber acaso un mensaje más profundo en una película?

5. La autocompasión distorsiona nuestra visión

Ojalá no hubiera nacido.

GEORGE BAILEY

El mundo está lleno de Georges Baileys: personas que no acaban de entender lo importantes que son para los demás. Y, con frecuencia, no se percatan de ello por la misma razón por la que George no fue consciente hasta sus aventuras de Nochebuena con Clarence: su visión distorsionada.

Nuestra relevancia para el mundo se halla sesgada en una determinada dirección si tenemos un concepto demasiado elevado de nosotros mismos. Aquellos que tienen un exceso de autoestima propenden a pensar que el mundo dejaría de dar vueltas si ellos no existiesen; tienden a conceder una importancia desmesurada a la influencia que ejercen sobre quienes los rodean.

Nuestra relevancia se ve sesgada en otra dirección si tenemos un concepto demasiado bajo de nosotros mismos. Poco importa que quienes tienen una autoestima excesivamente baja tiendan a ser personas de buen corazón; al igual que George, son proclives a pensar que, si han ejercido alguna influencia en otros, ha sido habitualmente en sentido negativo.

En su pánico de Nochebuena, George se ve a sí mismo como el canalla cuya negligencia está a punto de cargarse el negocio que su padre había puesto en marcha; el marido mezquino que contesta con brusquedad a su mujer; el padre frustrado que regaña a sus hijos; el miembro de la comunidad que hace callar a gritos a la maestra de su hija y luego ataca a su esposo cuando este se pone al teléfono para defenderla.

¿Que yo hago del mundo un lugar mejor? ¡Sí, claro! En la escena que transcurre dentro de la caseta de peaje del puente, George se mofa de la idea cuando Clarence la menciona, porque su visión está demasiado empañada por su autocompasión. Puede haber comenzado el día henchido de orgullo por su hermano Harry, el héroe de guerra, pero lo termina dejando que su desesperación lo ciegue ante una verdad de mayor envergadura.

«No existe peor pecado que el pecado de la autocompasión —escribió Oswald Chambers—, porque este anula a Dios y entroniza el interés propio. Nos lleva a abrir la boca solo para quejarnos y nos convierte en esponjas espirituales.»[1] Nada hermoso ni generoso hay en ello.

La autocompasión es insidiosa y puede golpear sin previo aviso cuando dejamos que las circunstancias ofusquen nuestra visión. Consideremos esa Nochebuena de la película. Al comienzo de esta, George no podría sentirse más animado. Su hermano Harry ha recibido la «Medalla de Honor del Congreso» y vuelve a casa por Navidad, donde le aguarda una cálida bienvenida de Bedford Falls. Su madre ha comido con la esposa del presidente. El mundo es maravilloso. Tan alegre está George que ni siquiera la presencia de un inspector bancario lo perturba, aun cuando le consta que la Compañía de Empréstitos Bailey se está quedando sin combustible.

Entonces el tío Billy extravía —o, para ser más precisos, el viejo Potter roba— ocho mil dólares, y el estado de ánimo de George se transmuta de festivo en suicida en cuestión de horas. La Compañía de Empréstitos Bailey podría tener que cerrar. Desaparecerán empleos. La gente perderá su dinero. Y el honorable legado de Peter Bailey, el padre de George, quedará mancillado. Como le dice al tío Billy un frustrado George que no tiene ni idea de dónde ha ido a parar el dinero: «¿Te das cuenta de lo que esto significa? ¡Significa la bancarrota, el escándalo y la cárcel!».

Resulta comprensible que George se hunda en las arenas movedizas de la desesperación, por más que seamos conscientes de que, hasta la llegada de Clarence, está siendo víctima de su autocompasión. Hasta este momento de la película, George ha logrado casi siempre mantenerse a flote gracias a sus vínculos con quienes lo rodean. Mary, su familia, sus amigos y la comunidad entera confieren a George un sentido de propósito, aun cuando a veces caiga temporalmente en la insatisfacción o, en esencia, tenga «sus momentos». Como cuando rechaza la oferta de ir a Florida con Sam y su novia, y luego descarga su frustración pateando la puerta de su coche.

Por desgracia, la desesperación en sus ojos cuando está en el puente bajo la nieve esa Nochebuena sugiere algo más que una insatisfacción pasajera. ¿Por qué? Porque, en su autocompasión, George ha roto las relaciones que lo sostenían: con Mary, con los niños... y con Dios, a quien George culpa sarcásticamente de «un puñetazo en la mandíbula... en respuesta a mi oración».

¿Y qué es lo que le hace recobrar el temple? Un Ángel de Segunda Clase que ayuda a George a ver la vida con nuevos ojos. Recuerda que lo que arranca a George de su autocompasión no es ni el dinero que salva la compañía de empréstitos ni la gente que se lo entrega, aunque ciertamente aprecia ambas cosas. Lo que lo sacude no son las circunstancias, sino una nueva perspectiva que aprende en su viaje y afirma con su lacrimosa plegaria en el puente: «Quiero volver a vivir».

La nieve comienza a caer de nuevo, una señal de que George ha regresado al tiempo y a las circunstancias reales. Pero es diferente del hombre que había estado en el puente unas horas antes planteándose el suicidio.

La perspectiva cambia nuestra actitud. Nuestro cambio de actitud insufla esperanza en nosotros. Y ese es el auténtico don que Clarence, el mensajero de Dios, le concede a George.

La esperanza. Como la luz del sol, solo se abre camino hasta nosotros cuando apartamos las nubes de la autocompasión.

6. Las más grandes aventuras de la vida dependen de las personas, no de los lugares ni de las cosas

¡Zuzu! ¡Zuzu! ¡Mi muñequita!

GEORGE BAILEY

Aunque esta escena tenga lugar en medio de la peor depresión de la historia estadounidense, George Bailey sigue siendo un aventurero en potencia. Cuando su tío Billy y él esperan la llegada del hermano de George, Harry, en la estación de tren, lo embarga la pasión por viajar, conocer mundo y hacer cosas. Le dice a su tío Billy cuáles son los tres sonidos más emocionantes del mundo: «las cadenas de las anclas, los motores de los aviones y los silbidos de los trenes».

Cuatro años han transcurrido desde que George pospusiera sus sueños de ir a la universidad al quedarse en Bedford Falls para mantener a flote la Compañía de Empréstitos Bailey tras la muerte de su padre. Ahora Harry regresa de la universidad; por consiguiente, George se figura que ha llegado el momento de que su hermano se haga cargo de la empresa familiar, mientras él extiende finalmente las alas y vuela.

Pero la escena del tren lo cambia todo. Descubre que Harry no ha vuelto solo a casa. Viene con su nueva esposa, Ruth Dakin Bailey, cuyo padre, al parecer, tiene planes para que Harry trabaje en su fábrica de vidrio en Búfalo. «Desea iniciar a Harry en el negocio de la investigación», le cuenta ella, radiante, a George.

La alegre expresión de George se transforma en pánico y preocupación. Una vez más se percata de que sus sueños se verán frustrados. Quedará atrapado eternamente en Bedford Falls, atado a la Compañía de Empréstitos Bailey, como si esta fuera una bola de plomo y él fuese el prisionero en el extremo de su cadena.

Ah, pero la lección suprema de la película es que, pese a todo el encanto de conocer mundo y hacer cosas emocionantes, lo realmente importante en nuestra vida son las personas. Y se trata de una lección que George Bailey acabará aprendiendo con la ayuda del ángel Clarence, sobre todo cuando encuentre en su bolsillo los pétalos de su hija Zuzu cerca del final de la película.

Dios ama a las personas y lo mismo deberíamos hacer nosotros. Él creó a las personas. Él dio su palabra para guiarlas. Él perdona a las personas. Él acabó entregando a su hijo en sacrificio por ellas. Y, sin embargo, ¿con cuánta frecuencia vivimos nuestras vidas como si lo verdaderamente importante fuese ese trabajo de investigación en Búfalo? ¿O los viajes? ¿O las aventuras?

No es que haya nada malo en ver mundo, en hacer cosas, en los empleos y las carreras o en las aventuras. Ahora bien, construir nuestras vidas sobre tales cosas supone conceder más importancia a aquello que no puede sostenernos. Como se ha dicho, qué triste es enamorarnos de las cosas que no pueden correspondernos en el amor.

«No amontonéis tesoros en la tierra, donde hay polilla y herrumbre que corroen, y ladrones que socavan y roban —dice Jesús en Mateo 6, 19—. Amontonad más bien tesoros en el cielo, donde no hay polilla ni herrumbre que corroan, ni ladrones que socaven y roben. Porque donde esté tu tesoro, allí estará también tu corazón» (vv. 20-21).

No es una lección de geografía, sino de prioridad. No se está sugiriendo que todos debamos quedarnos en nuestra ciudad o pueblo natal; George está en lo cierto cuando le dice a Violet, quien está a punto de marcharse a Nueva York, que «hace falta mucho carácter para dejar tu ciudad natal y comenzar de nuevo». Algunas personas necesitan exactamente eso: alistarse en el ejército. Hacerse misioneras. Aprovechar una oportunidad laboral en una ciudad remota.

Antes bien, lo que se sugiere es que, dondequiera que vayamos o hagamos lo que hagamos, deberíamos otorgar la máxima prioridad a nuestras relaciones. A sus dieciséis años, el navegante estadounidense Robin Graham se embarcó en un viaje de treinta y tres mil millas náuticas (unos sesenta mil kilómetros) y cinco años de duración alrededor del mundo en un velero de poco más de siete metros de eslora. Lo que me impresionó de Graham cuando lo entrevisté años después en Seattle, Washington, no fue únicamente lo que había hecho. Fue su comprensión de que lo que había realizado, su gran aventura, no bastaba para forjar una vida. Después de alcanzar exitosamente su meta, se mudó a las tierras salvajes de Montana para construir una casa de madera, formar una familia y vivir de la tierra. Por entonces se guiaba por cosas más profundas, cosas espirituales, cosas relacionales.

Ciertamente, cuando se planteó por primera vez el viaje alrededor del mundo, su visión para trascender la existencia rutinaria resultaba admirable. «Me encantaba el olor a amarra y a resina, incluso a gasóleo. Me encantaba el sonido del agua golpeando los cascos, el látigo de las drizas contra los altos mástiles —escribió en su primer libro, *Dove*—. Eran los aromas y los sonidos de la libertad y de la vida.»

Así zarpó Graham del puerto de San Pedro en Long Beach, California, el 27 de julio de 1965, para conquistar el mundo. Aunque cabe argumentar en contra de la practicidad de semejante viaje —yo soy incapaz de imaginarme dando el visto bueno a mi hijo de dieciséis años para que emprenda tamaña aventura—, hay algo admirable en Robin Graham: no solo era consciente de su situación, sino que era capaz asimismo de trazarse un destino. ¿Cuántas personas viven hoy amarradas al arrepentimiento porque, en lugar de hacerse a la mar en pos de un propósito más elevado, se han anclado a la falsa seguridad de la opulencia?

Y Graham lo hizo: navegó por el mundo. Pero, al final de su viaje, sintió una cierta vacuidad en su periplo. Lo que anhelaba no era una aventura más profunda, sino un propósito más profundo, que finalmente descubrió cuando encontró a Dios. Como escribió Oswald Chambers, no acerca de Graham, sino de aquellos que se cimientan sobre el propósito más elevado de Dios: «Se sentía como en casa con Dios dondequiera que estuviese su cuerpo».[1] En otras palabras, la aventura más profunda de la vida no depende tanto de los lugares «de ahí afuera» cuanto de lo que sucede «aquí dentro», en nuestro corazón. Y podemos vivir esas aventuras independientemente de dónde echemos raíces. «Permaneced en mí —dice Jesús en Juan 15, 4— y yo permaneceré en vosotros.»

El balance final: aunque el sonido de «las cadenas de las anclas, los motores de los aviones y los silbidos de los trenes» pueda estimular en efecto la imaginación, George se percata de que la vida abunda en sonidos más significativos, como cuando Zuzu sale a toda prisa de la cama al oír la voz de su padre y grita: «¡Papi!». *Esa* sí que es una aventura.

7. No puedes huir de tus problemas

No mires ahora, pero está ocurriendo algo extraño en el banco, George. En realidad nunca he visto uno, pero tiene toda la pinta de ser un pánico bancario.

ERNIE EL TAXISTA

Es un día con más altos y bajos que un mercado de valores volátil: el día de la boda de George y Mary. De entrada está lloviendo (bajo). Pero ¿a quién le importa? La pareja más adorable de Bedford Falls se va a casar (alto). Ah, pero la amenaza se cierne sobre la Compañía de Préstamos Bailey (bajo). El banco ha reclamado el pago del préstamo de la empresa y Potter, como el buitre intrigante que es, se ha posicionado para aprovecharse al máximo de la coyuntura, ofreciendo pagar cincuenta centavos por dólar a quienes traspasen su dinero a su banco (otro bajo).

Pero Mary salva la situación cuando ofrece a los clientes de Bailey el dinero de la luna de miel de la pareja para sacarlos del apuro hasta que las aguas vuelvan a su cauce (alto); acto seguido regresa sigilosamente al viejo caserón de los Granville y, como una Martha Stewart de los años treinta, crea una acogedora *suite* nupcial, que completa con unos pollos asados al fuego en un asador impulsado por un gramófono (triple alto).

En un día lleno de lecciones —más adelante visitaremos algunas otras—, y una de las más importantes es esta: no huyas de tus problemas. Y todavía no se ha secado la tinta en su certificado de matrimonio cuando George y Mary se enfrentan a la primera muestra de sus dificultades.

¿Recuerdas? Ernie los lleva volando en su taxi, ostensiblemente hacia una estación de tren, para iniciar su luna de miel de dos semanas. Están planeando pasar una semana en Nueva York y otra en las Bermudas.

—¡Los hoteles más lujosos, el champán más viejo, el caviar más caro, la mejor música y la mujer más hermosa! —dice George.

—¡Eso está bien! —dice Ernie—. ¿Y luego qué?

—Después de eso —dice Mary— ¿qué importa?

Ya nos hacemos una idea. George y Mary están, como sugiere el astuto Ernie, flotando «hacia el País de la Felicidad». Y entonces surgen los problemas. Ernie ve docenas de tipos que se apresuran bajo sus paraguas hacia el banco de Potter y hacia la Compañía de Empréstitos Bailey. El uso que hace el director Frank Capra de la lluvia y los paraguas es brillante; después de todo, en cierto sentido, el cielo está cayendo. La gente clama por retirar su dinero de la Compañía de Empréstitos Bailey.

George y Mary, de cuyos rostros se ha esfumado la alegría, contemplan por la ventanilla trasera del taxi la escena a la que apenas dan crédito. «Oye, Ernie —dice un transeúnte—, si tienes algún dinero en el banco, más vale que te des prisa.»

Mary refleja exactamente la actitud que tendríamos muchos de nosotros en ese momento, con su cerebro sopesando dos opciones: marcharse con el hombre de sus sueños para disfrutar durante dos semanas de su luna de miel al sol, alimentada por un buen fajo de billetes de regalo de boda, o quedarse para resolver un desastre financiero en la lluviosa Bedford Falls. Muchos de nosotros diríamos: «Pan comido». En esencia, eso es lo que hace Mary.

—George, no paremos —dice—. ¡Vámonos!

¿Quién la culparía por ello? George y ella han sido durante años dos barcos que se cruzan en la noche; ahora la fortuna ha cambiado. Están casados. Están comenzando una nueva vida. Están disfrutando supuestamente los momentos más felices que jamás han compartido, su vida se extiende ante ellos en un océano de posibilidades.

Y ahora esto.

Podemos imaginarnos que George siente lo mismo que ella. No obstante, en un momento discretamente revelador, no basa su decisión en sus sentimientos, sino en su sabiduría.

—Vuelvo en un minuto, Mary —dice; un enunciado que sugiere ingenuidad, sin duda, pero también valentía.

Lo que en realidad está diciendo es: «Tenemos que afrontar esto. No podemos escapar. Dolor a corto plazo a cambio de ganancias a largo plazo».

Esto no supone ninguna censura a Mary, quien, al final de la jornada, se revelará heroica por partida doble. Pero es George en este caso quien se atreve a ver más allá de sí mismo para fijarse en los demás, a trascender ese momento para pensar en el largo plazo, a escuchar por encima del miedo que susurra «Corre, muchacho, corre» para liberar su coraje interior. Y fíjate en la diferencia que marca. A la luz de los acontecimientos —que desgranaremos más adelante— es justo decir que aquella tarde George y Mary Bailey salvaron Bedford Falls.

Consideremos por un momento lo que podría haber acontecido si hubieran optado por marcharse en vez de quedarse: una ciudad entera va «arrastrándose ante Potter». La gente pierde la mitad de sus ahorros mientras Potter engorda sus bolsillos. Probablemente la Compañía de Empréstitos Bailey habría quebrado. Cierto es que George y Mary podrían haber disfrutado de una suntuosa luna de miel (¡si hubieran sido capaces de superar su sentimiento de culpa por abandonar a su suerte a la buena gente de Bedford Falls!). Ahora bien, ¿habría tenido el señor Martini la oportunidad de «ser dueño de [su] propia casa»? Ni por asomo. El legado de los Bailey, consistente en infundir corazón y esperanza a Bedford Falls, se habría interrumpido bruscamente. Y Bedford Falls estaría eternamente en deuda con esa «araña despreciable», el señor Potter, si, en ese momento decisivo en el taxi, George hubiese dicho: «Sí, tienes razón, Mary. Se está calentando el champán. A la estación de tren, Ernie. Vamos».

8. Pedir consejo es de sabios

Pregúntaselo a papá, *él* lo sabe.

CARTEL DE CIGARRILLOS SWEET CAPORAL EN LA TIENDA DE GOWER, EN EL QUE REPARA GEORGE MIENTRAS SE PLANTEA QUÉ HACER AL ADVERTIR QUE EL SEÑOR GOWER, EN SU AFLICCIÓN, HA PUESTO VENENO EN UN FRASCO DE CÁPSULAS QUE ÉL DEBE ENTREGAR

Al otro lado de la avenida Jefferson de la Compañía de Empréstitos Bailey, los problemas se ciernen sobre la tienda del señor Gower. Justo después de la medianoche del 3 de mayo de 1919, el boticario de la ciudad recibió un telegrama del presidente del Hammerton College —sí, un nombre ficticio— que comunicaba que el hijo del señor Gower, Robert, había muerto de gripe. (No importa que la pandemia de gripe de 1918 hubiera desaparecido prácticamente por entonces; era mucho más realista que aquella fuese una causa de muerte en 1919 que en nuestros días).

Cuando George llega ese día para servir helados y refrescos, el señor Gower ha ahogado tanto sus penas en una botella que está ebrio a todas luces. Manejando con torpeza un frasco de cápsulas, se le caen unas cuantas al suelo. Le encarga a George que lleve las píldoras a la señora Blaine, cuya familia tiene difteria, una enfermedad suficientemente grave como para provocar la asfixia si no se controla. Un asunto muy serio. Y, sin embargo, el perspicaz George advierte algo horrible en los polvos que el señor Gower ha introducido al parecer en las cápsulas: ¡se trata de veneno!

—Señor Gower —dice—, creo que...

—¡Vamos, ponte en marcha! —insiste el farmacéutico.

George no sabe bien qué hacer. Solo tiene doce años. Sabe lo del veneno y el señor Gower le está presionando para que se lo entregue a una familia. ¿Debería obedecer sus órdenes o negarse a hacerlo? Huelga decir que su decisión se complica porque el señor Gower no está de humor para discutir el asunto y, como un adulto más corpulento que George, que además es su jefe, claramente le aventaja en su poder.

Al mirar a su alrededor, George ve la respuesta en un anuncio de cigarrillos Sweet Corporal: «Pregúntaselo a papá, *él* lo sabe», reza el cartel. No estamos seguros de lo que se supone que sabe papá —en 1919, tratándose de un anuncio de cigarrillos, es evidente que no se refiere al vínculo entre el cáncer y el tabaco—, pero la expresión de la cara de George sugiere que se ha encendido en su cabeza la proverbial bombilla.

En la escena siguiente, George llega al lugar donde trabaja su padre, la Compañía de Empréstitos Bailey. Entra en el despacho de este y lo encuentra enfrentándose cara a cara con el viejo Potter, a propósito de un préstamo de cinco mil dólares que el banco de Potter quiere que se reembolse de inmediato. Peter Bailey suplica un mes de gracia que, por supuesto, Potter rechaza como King Kong aplastando un biplano encima del Empire State. Ambos se salen por la tangente, empezando por Peter Bailey, quien reprocha a Potter su mal carácter.

George interrumpe, defiende a su padre, y es amablemente acompañado hasta la puerta por el hombre, que está claramente enzarzado en una importante discusión de negocios. La cámara nos muestra a George fuera del despacho con las cápsulas en la mano. ¿Qué debe hacer? ¿Qué debe hacer?

Así pues, aunque está buscando el consejo de su padre, George no recibe en realidad consejo alguno. Y, sí, cabría aducir que, dada la gravedad de la situación, George debería haber espetado sencillamente algo así como: «¡Papá, el señor Gower quiere que le entregue veneno a alguien!». Pero la escena da a entender que George aborda el dilema preguntándose: «¿Qué haría papá?». Y su subsiguiente regreso a la tienda sin haber entregado las cápsulas sugiere con claridad que sabía lo que su padre le habría dicho: «No. No entregues las cápsulas. Vuelve con el señor Gower y explícale el error que ha cometido». Dado el fuerte carácter de este, podemos suponer asimismo que el padre, de haber sabido lo que estaba en juego, habría cogido a George de la mano y habría cruzado con él la calle hasta la tienda de Gower.

George va por su cuenta. El farmacéutico se enoja porque George no ha cumplido sus órdenes. Abofetea a George tan fuerte que su oído empieza a sangrar, mientras una joven Mary Hatch —la futura esposa de George— se estremece con cada golpe, sentada en el mostrador de los helados y refrescos de la estancia delantera. Pero la ira de Gower amaina rápidamente en cuanto George le señala el error que ha cometido. Entonces abraza a un George lloroso que, asombrosamente, en medio de esa ráfaga de emociones, siente empatía hacia el hombre y su pérdida, y tiene la decencia de decir: «Señor Gower, nunca se lo contaré a nadie. Sé lo que siente. Jamás se lo diré a nadie».

Todo esto significa que George fue sabio al pedir consejo a otros. Su búsqueda de la sabiduría de su padre terrenal puede interpretarse como un símbolo de la búsqueda de un creyente de la sabiduría de nuestro Padre celestial. «Pedid y se os dará; buscad y hallaréis; llamad y se os abrirá» (Mateo 7, 7). Más allá de lo que la palabra de Dios puede ofrecernos en términos de respuestas, se nos dice que buscar el consejo de otros —de otros fiables— es una muestra de inteligencia.

Eso es exactamente lo que hizo George. Si hay algún defecto en la comparación simbólica de Peter Bailey con Dios es este: el padre de George estaba demasiado ocupado para escuchar a su hijo. Pero Dios *jamás* está demasiado ocupado para escucharnos. Dice Mateo 28, 20: «Y he aquí que yo estoy con vosotros todos los días hasta el fin del mundo».

En consecuencia, deberíamos acudir corriendo a él con frecuencia y con entusiasmo.

9. Detente para dar gracias por lo que tienes

¡Pan! Para que esta casa no conozca nunca
el hambre.
¡Sal! Para que la vida tenga siempre sabor.

MARY, EN LA INAUGURACIÓN DE LA NUEVA CASA DE LOS MARTINI EN BAILEY PARK

¡Y vino! Para que reinen para siempre
la alegría y la prosperidad.

GEORGE, SUMÁNDOSE A LA BENDICIÓN DE MARY EN LA CASA DE LOS MARTINI

Estamos en junio de 1934. Aunque el país continúa todavía sumido en la Gran Depresión, la intervención de George y Mary ha salvado a Bedford Falls de las garras de Potter. Y, como un símbolo de que amanece un nuevo día, la familia Martini (Giuseppe, Marie y cuatro hijos pequeños) se muda a su nueva casa en Bailey Park, aunque hemos de preguntarnos si los nuevos vecinos estarán encantados de ver las cabras, los conejos y los pavos que acompañan a los Martini.

Dicho esto, esa escena trata de muchas cosas, una de las cuales es la esperanza. Durante años, el propietario del restaurante Martini, su esposa y sus hijos han estado viviendo de alquiler en los sofocantes suburbios de una «urbanización» de Potter, una hacinada colección de poco más que chabolas. Ahora, al menos un vecino de los Martini, conocido en el guion como «señor Schultz», piensa que su vecino ha alquilado una casa en otro lugar. Pero Martini se apresura a corregir al hombre.

«Yo soy el propietario de la casa. Yo, Giuseppe Martini, tengo mi propia casa. Se acabó eso de vivir como cerdos en este campo de Potter.»

La autobiografía de Capra de 1971, *El nombre delante del título*, sugiere que esta escena era una especie de microcosmos de la vida del propio Capra, que nació en Sicilia e inmigró a los Estados Unidos, donde su familia pasó a vivir en una suerte de suburbio de Potter. «Yo odiaba ser pobre —escribe—. Odiaba ser un campesino. Odiaba ser un pedigüeño chico de los periódicos atrapado en el sórdido gueto siciliano de Los Ángeles... Deseaba salir de allí.»[1]

La escena de la nueva casa, aunque sea de manera no intencionada, sugiere asimismo una transformación espiritual simbólica que no es específica de Martini, sino que afecta a aquellos que, como su familia, son beneficiarios de la gracia. La mudanza de los suburbios a su nuevo y flamante alojamiento evoca a 2 Corintios 5, 17: «Por tanto, el que está en Cristo es una nueva creación; pasó lo viejo, todo es nuevo».

Pero, más allá de la esperanza y la transformación, esta escena es básicamente una celebración de los hitos de nuestra vida. Aunque es breve y no posee tanta fuerza como otras escenas más transformadoras, hallamos en ella una dulzura condimentada con la inauguración de la casa por parte de Mary y George. Rodeados por la familia Martini en el porche delantero, Mary sostiene una barra de pan.

«¡Pan! Para que esta casa no conozca nunca el hambre...»

En la superficie, la frase inicial de Mary parece referirse al sustento físico: que siempre tengáis alimentos que comer, ropa que vestir y un techo sobre vuestra cabeza. Que vuestras necesidades materiales estén siempre cubiertas. Y, sin embargo, resulta interesante el hecho de que Capra, un católico que se aferró a una fe tranquila en medio de una vida no exenta de dificultades, eligiera el pan como símbolo, de manera similar a como Jesús declara en Juan 6, 35: «Yo soy el pan de la vida. El que venga a mí no tendrá hambre y el que crea en mí no tendrá nunca sed». Estuviese o no relacionada la sugerencia efectiva de Capra con la forja de nuestras vidas cimentadas sobre un Dios que nos promete un alimento espiritual que es más sostenible que la comida real, la elección del pan resulta intrigante, recalcada además por el hecho de que Maria se santigüe.

Del pan, Mary pasa a la sal. «¡Sal! Para que la vida tenga siempre sabor.» Una vez más, resulta interesante la elección de Capra de un símbolo bíblico prominente, que en este caso alude al versículo de Mateo 5, 13 a propósito de la forma en que nuestras vidas pueden influir en otras vidas: «Vosotros sois la sal de la tierra. Mas si la sal se desvirtúa, ¿con qué se la salará? Ya no sirve para nada más que para ser tirada fuera y pisoteada por los hombres».

Finalmente, George concluye la bendición de la pareja en el porche delantero sosteniendo una botella. «¡Y vino! —dice—. Para que reinen para siempre la alegría y la prosperidad.» Este es un símbolo de celebración, con el que podemos brindar por la bondad de la vida. Al final de la película, en el salón de los Bailey, después de que George y Mary hayan resurgido de su sombría Nochebuena con esperanza renovada, en medio del jolgorio, Mary dice: «Señor Martini, ¿por qué no nos sirve un poco de vino?». Otro símbolo bíblico significativo, más allá de la admonición, por supuesto, de que deberíamos tener cuidado porque «muerde cual serpiente» (Proverbios 23, 32). ¿Por qué? Porque el primer milagro de Jesús consistió en convertir el agua en vino en una boda en Caná (Juan 2, 1-11). Y, en ciertos sentidos, la conversión de los Martini de inquilinos de Potter en propietarios con los Bailey es un milagro.

En el libro de Michael Willian *The Essential It's a Wonderful Life*, el autor señala que la bendición de Mary «es una suerte de mezcla entre una tradición de las bodas polacas, consistente en ofrecer pan, sal y vino a los recién casados, y una tradición rusa de las fiestas de inauguración de las casas, en las que se lleva pan y sal a los nuevos propietarios».[2]

Huelga decir que los Martini no son polacos ni rusos, sino italianos. No obstante, dadas todas las posibles explicaciones de la elección de esos tres elementos, quizás la lección sea simplemente esta: merece la pena celebrar las victorias de la vida.

La película está repleta de celebraciones: el baile de graduación de la promoción de 1928 de Bedford Falls High; en casa de los Bailey, el matrimonio de Harry y Ruth, una fiesta originalmente concebida como bienvenida para Harry, o bien una celebración organizada a toda prisa para los recién casados cuando el tío Billy proclama que van a dar «la fiesta más grande que jamás se ha visto en esta ciudad». Tenemos asimismo la boda de George y Mary, la Nochebuena en el bar de Martini/Nick y, por supuesto, la escena culminante: la redención de George en el salón de los Bailey.

Por el momento, quizás baste con decir que, gracias a la ayuda de otros, una familia que tenía poco ahora tiene mucho. Por supuesto, la casita de rancho de los Martini no se antojaría nada del otro mundo a los ojos hastiados de un Potter. Pero la belleza está en los ojos de quien la mira, y claramente los Martini contemplan su nueva morada cual si de una mansión celestial se tratase. Como dice Mary: «¡Entremos al castillo de los Martini!».

10. No hay impacto sin contacto

Si vas a ayudar a un hombre,
necesitas saber algo sobre él, ¿no crees?

JOSEPH

Si preguntamos a los espectadores casuales de la película quién es Joseph, probablemente no lo sepan. ¿Por qué habrían de saberlo? Nunca lo vemos y solo se menciona un puñado de veces por su nombre. Pero, en el guion, Joseph desempeña un papel relevante. Es una de las tres voces celestiales que escuchamos de forma ocasional, los directores escénicos celestiales, por así decirlo, que preparan la escena original y ayudan a efectuar las transiciones entre otras escenas.

Franklin es otro de ellos; parece ser una especie de comandante en jefe de los ángeles, si bien rara vez habla. Y el otro es Clarence Odbody, Ángel de Segunda Clase, aunque, por supuesto, este recibe la llamada para descender del cielo y ayudar a infundir esperanza a un hombre que, según le informa Franklin, está «pensando seriamente en echar a perder el regalo más grande de Dios», su vida.

Aunque Joseph esté destinado a mantenerse al margen y aportar comentarios en lugar de ser introducido en el juego como Clarence, nos ofrece no obstante ciertas ideas instructivas y emotivas acerca del carácter de George Bailey; por ejemplo, ese toque conmovedor al final de la Segunda Guerra Mundial: «Como todo el mundo, el día de la victoria en Europa lloró y rezó...».

Pero una de sus frases más significativas es una perla de sabiduría que nos ofrece en la primera escena, a pesar de que la pronuncia con una indignación un tanto exagerada. Al parecer, Joseph había estado en la línea de atención a las plegarias y había atendido las numerosas peticiones de ayuda de las gentes de Bedford Falls a propósito de George Bailey. Se dirige a Franklin y le sugiere con resignación que es «otra vez el turno del relojero». Es evidente que Joseph no es un fan de Clarence, de lo cual se infiere que Odbody —como sugiere incluso su apellido, que significa «bicho raro»— es un ángel perdedor que no está terminando la faena en sus misiones. «Tiene el coeficiente intelectual de un conejo», protesta Joseph. No obstante, Franklin hace la llamada: que se presente Clarence.

Cuando llega Clarence para recibir instrucciones, Joseph no se muestra nada amable.

—Siéntate —le dice.

—¿Que me siente? —pregunta Clarence, un poco desconcertado—. ¿Qué vamos a...?

—Si vas a ayudar a un hombre, necesitas saber algo sobre él, ¿no crees? —le explica Joseph.

Se lo dice con una impaciencia manifiesta; de hecho, parece realmente enojado, casi como si Clarence y él hubieran tenido algún altercado siglos atrás cuando eran terrícolas y Joseph no lo hubiese perdonado todavía. (Tal vez Clarence le había pedido prestado a Joseph ese ejemplar de *Tom Sawyer* y aún no se lo ha devuelto.) Ahora bien, al margen de todas esas circunstancias, Joseph ha dicho algo extremadamente importante: antes de echar una mano a aquellos que lo necesitan, debemos conocer sus historias. El contexto es importante. La información es poder. ¿Por qué?

En primer lugar, porque eso supone una muestra de respeto hacia la persona que está recibiendo ayuda, y todo ser humano es digno de respeto independientemente de lo diferente que sea de nosotros. A todos nos creó Dios.

En segundo lugar, porque le indica a la persona que está siendo ayudada que no perseguimos simplemente conseguir otro trofeo. Estamos ayudando porque nos preocupa. Y parte de la preocupación pasa por la escucha, la comprensión y la empatía, nada de lo cual puede realizarse si aterrizamos de sopetón en una situación con toda suerte de respuestas cuando ni siquiera entendemos la pregunta.

Por último, porque nos ayudará a realizar mejor nuestros trabajos. Cuando enseño técnicas de entrevista a los estudiantes universitarios de Periodismo, les digo que la diferencia entre un buen intercambio y uno malo es a menudo la cantidad de tarea de investigación que has hecho sobre tus entrevistados. ¿Por qué? Porque eso sugiere que las historias de las personas te importan lo suficiente como para aprender algo sobre ellas antes de entablar un diálogo. De hecho, en cierta ocasión llevé a clase a un maratonista de talla mundial. «En los primeros minutos puedes saber si los entrevistadores han hecho sus deberes o no —contó a la clase—. Si los han hecho, les concedo una entrevista de lujo. De lo contrario, me limito a salir del paso.»

A esa declaración subyace esta verdad: la gente responde a las personas en las que confía. Y confía en las personas que muestran interés y preocupación. Por consiguiente, investigar acerca de alguien es el primer paso para demostrar que nos importa.

¿Por qué la mayoría de las personas acuden a una iglesia en particular? Porque conocen a alguien en esa iglesia; han tenido contacto con alguien cuya vida ha ejercido un impacto sobre ellas. Eso es fácil si se trata de alguien como nosotros. Ahora bien, ¿qué sucede con aquellas personas con las que nos encontramos que son muy diferentes de nosotros? Tendemos a evitarlas por temor a que aparezca alguna fisura en nuestro confort, en lugar de llegar a conocerlas.

Cuando Jesús encontró en el pozo a la mujer samaritana, conocía el contexto mucho más allá del hecho de que, como judío, no se esperaba que se mezclase con una samaritana. «Bien has dicho que no tienes marido —le señaló—, porque has tenido cinco maridos y el que ahora tienes no es marido tuyo» (Juan 4, 17-18). Él conocía su historia. Y ese conocimiento le permitió apreciar su necesidad de «agua viva» (véase el versículo 13).

Los misioneros no irrumpen en las aldeas y dicen: «Ved a nuestra manera u os vais a enterar». Se informan sobre las historias de la gente. Los consejeros no se limitan a vomitar consejos; llegan a conocer a sus clientes. Y, análogamente, los ángeles representados en *¡Qué bello es vivir!* no pueden aspirar a ayudar a alguien sin conocerlo.

Clarence sigue los consejos de Joseph. En la hora de la que dispone antes de descender a la tierra, se informa sobre George. Escucha su historia. Se entera de lo que le dirá más tarde a George cuando ambos hayan sido expulsados del bar de Nick: «No tienes documentación ni permiso de conducir ni carné de identidad ni póliza de seguros», las cosas que acaban por convencer a George de que Clarence es auténtico y se preocupa genuinamente por él. Y el ángel se granjea así la confianza suficiente para poder conducir a George de vuelta a casa.

11. Cuando te critiquen, considera la fuente

Entonces supongo que debería dar [el dinero] a miserables fracasados como usted y ese idiota de su hermano para que lo despilfarren.

EL SEÑOR POTTER

Henry F. Potter puede ser el hombre más rico de la ciudad al comienzo de la película, pero su manera de tratar a la gente es patética. Consideremos la bilis que arroja a diestra y siniestra: llama a Peter Bailey a la cara «miserable fracasado» y, en la misma invectiva, tacha de «idiota» al hermano de Peter, el tío Billy.

Tras la muerte de Peter, puede que atenúe una pizca su desprecio verbal, pero continúa mostrándose mezquino, menospreciando los «elevados ideales» de Peter Bailey, no acompañados de «sentido común» y, por ende, propensos a «llevar a la ruina a esta ciudad». Se mofa del taxista Ernie Bishop, que «se pasa todo el día amuermado en su taxi». En la escena en la que intenta contratar a George, Potter se refiere a las personas a las que los Bailey intentan ayudar como «un montón de comedores de ajos», un insulto racial dirigido contra los italianos como los Martini. Y en la última escena en la que aparece, Potter llama a George «miserable empleado que viene arrastrándose por los suelos e implorando ayuda». Su acto final consiste en solicitar una orden de detención para George.

Pero, al final, es George quien es honrado como «el hombre más rico de la ciudad», pues el salón de los Bailey está abarrotado de personas que lo conocen, lo quieren y lo respetan a él, no a Potter. Esto nos recuerda una importante verdad: las opiniones acerca de nosotros que cuentan son las opiniones de las personas a las que respetamos, no las de los demás.

Cuando las personas nos critican, particularmente con la bilis del resentimiento, dicen menos de nosotros que de sí mismas. En ciertos casos, sus críticas revelan que desean aquello que nosotros tenemos. Delatan su envidia. Su inseguridad. Su insignificancia. Huelga decir que Potter desprecia a los Bailey: con sus torpes maneras, en las que triunfa la sustancia sobre el estilo, ellos representan todo lo que, en su fuero interno, él sabe que está llamado a ser y nada de lo que es. Está resentido porque, a pesar de vivir al borde de la quiebra financiera, parecen haber hallado una cierta paz, satisfacción y propósito. Y le irrita saber que, pese a su enorme riqueza, él no ha encontrado ninguna de esas tres cosas. Como observa astutamente Peter Bailey, Potter «odia a todos aquellos que tienen algo que él no puede alcanzar».

Cuando cobramos conciencia de nuestros defectos, nuestro carácter determina siempre *cuál de entre dos caminos* tomaremos. Podemos o bien 1) ser humildes y, con voluntad de cambiar, aspirar a crecer, o bien 2) hincharnos de orgullo y, renuentes a cambiar, racionalizar nuestra terquedad. En este último caso, la palanca que impulsa hacia arriba nuestro ego es la misma fuerza que empuja hacia abajo a aquellos a los que envidiamos en secreto. Para Potter, conceder cierto crédito a los Bailey supondría un descrédito para sí mismo, pues sabe que está en las antípodas de ellos.

Los Bailey se preocupan por los demás. Potter solo se preocupa por sí mismo. «Es un hombre enfermo —le dice Peter Bailey a George en lo que, como pronto sabremos, es su última conversación con su hijo—. Frustrado y enfermo. Enfermo en su mente, enfermo en su alma, si es que tiene una.»

Si eso es cierto —y claramente lo es—, ¿por qué habría de permitirse alguien ser definido por una persona con una perspectiva tan sesgada de la vida?

En mis primeros años como columnista de periódicos, con frecuencia me descubría herido por las respuestas mordaces a mis artículos. Ni que decir tiene que eso es consustancial a esa actividad: tú expresas una opinión y otros son libres de criticarla. Pero un antiguo profesor de Periodismo, que era un hombre muy sabio, me ofreció tres palabras que me han evitado toda suerte de sinsabores: «Considera la fuente». Tómate en serio las críticas de las personas cuyas vidas confieren credibilidad a sus visiones de la vida; ignora el resto.

Con el transcurso de los años, he tenido muy presente ese consejo. En ocasiones he recibido críticas de personas que conozco y respeto. A veces se me han antojado convincentes. Tal vez había pasado por alto algún aspecto de una situación. Tal vez mi punto de vista obedecía a una visión tendenciosa. Tal vez tenía algún sesgo que no había reconocido y que me llevaba a adoptar una actitud acerca de un asunto o de una persona que, tras un examen adicional, advertía que no estaba justificada. En otras palabras, llegaba a una encrucijada del camino y me percataba de la necesidad de ser humilde y variar mi punto de vista sobre el particular.

Con mayor frecuencia, he descubierto que las personas que me criticaban en el fondo no me apuntaban a mí, sino que descargaban una frustración profundamente arraigada en sus propias vidas. Esa es la clase de frustración que atormentaba a Potter, por mucho que se afanase en evitar enfrentarse a ella; la clase de frustración que George describía cuando le decía a Potter: «Sé muy bien de qué está hablando. Se refiere a algo en lo que no puede poner las manos y eso le irrita».

Las críticas existen. No podemos evitarlas. Pero, al igual que los Bailey, haríamos bien en considerar la fuente, negarnos a ser definidos por otros y, como se dice en Romanos 12, 21, «vencer al mal con el bien».

12. Encuentra tu propia Bedford Falls dondequiera que vivas

¿Nostalgia? ¿De Bedford Falls?

GEORGE A MARY

Sí.

MARY

De vez en cuando, algún crítico arremete contra *¡Qué bello es vivir!*, concretamente contra la descripción que hace Frank Capra de Bedford Falls como una de esas ciudades retratadas en las ilustraciones de Norman Rockwell. «¡Salve Pottersville! —rezaba un artículo publicado en *Salon.com* en 2001—. ¡Pottersville es genial!» Pero ¿Bedford Falls? Es, dice el artículo, «esa clase de pueblucho claustrofóbico en el que todo el mundo sabe adónde vas y qué estás haciendo en cada momento».[1]

En la secuencia de la vida sin George, Bedford Falls se convierte en un lugar más duro y sombrío donde se pone el énfasis en la bebida, las mujeres y la música atronadora; captamos la idea. Pero quienes no reconocen las virtudes de Bedford Falls son, según parece, aquellos que ignoran las virtudes de los vínculos humanos que se extienden más allá del proverbial rollo de una noche.

Resulta prácticamente irrelevante qué película se esté proyectando en el cine de la ciudad o qué música suene en los bares locales de Bedford Falls. Su encanto reside en su gente. En los vínculos comunitarios. En el sentimiento de pertenencia a algo.

En Bedford Falls existe una historia compartida. Un orgullo compartido. Una preocupación compartida no solo por el lugar, sino también por sus habitantes.

El mensaje no es que todos deberíamos mudarnos a localidades pequeñas. El mensaje es que somos afortunados si, dondequiera que vivamos, podemos forjar nuestras vidas en esos lugares en los que «las personas son una prioridad». Donde respondemos ante los demás. Donde comprendemos que las acciones de unos pocos afectan a la comunidad en general.

Esto puede acontecer en la forma de una iglesia, un pequeño grupo, un barrio, una familia, un club o una escuela, pero se trata de organizaciones en las que las personas se reúnen en torno a una causa común. El crítico dejaba por los suelos Bedford Falls en parte porque todo el mundo sabe lo que se traen entre manos los demás. Pero, hasta cierto punto, ¿no es esa también la clase de responsabilidad intrínseca que nos hace desear vivir en un nivel superior, al ser conscientes de que defraudaremos a alguien si no lo hacemos y de que nuestras acciones son importantes para toda la comunidad? ¿Y no es eso acaso lo que le permitió a Mary reunir a gran parte de la ciudad para ayudar a George?

Francamente, esa dimensión del contacto estrecho ha desaparecido en Estados Unidos en los últimos cincuenta años. Bedford Falls nos recuerda que, si resulta poco factible que todos vivamos en localidades pequeñas, deberíamos buscar formas de hallar esa «comunidad a pequeña escala» allí donde vivamos. Y es que, como los leños en una hoguera, ardemos con más brillo cuando estamos apiñados con otros.

13. Es inútil intentar no ser menos que el vecino

Papá, nuestros vecinos los Brown tienen
un coche nuevo. Deberías verlo.

PETE BAILEY

Pocos cuestionarían la premisa de que George Bailey es uno de los individuos de más sólidos principios del lugar. Y, sin embargo, como todos nosotros, George tiene sus tentaciones, que van mucho más allá de la escena en la que Violet Bick cruza la calle con ese vestido tan vistoso, dejando boquiabierto a un George que exclama: «¡Vaya, estás muy elegante con ese vestido!». A lo que ella responde con esas magníficas palabras: «¡Oh!, ¿este viejo vestido? Solo me lo pongo cuando no tengo ganas de arreglarme».

Una lucha interior más insidiosa es su tentación ocasional de conseguir lo que a veces se le antoja una vida rutinaria y seguir el ritmo de los demás en lo que atañe a las posesiones materiales. Básicamente «no ser menos que el vecino». (Aunque nunca se emplea en la película, el modismo inglés «*keep up with the Joneses*» alcanzó su apogeo aproximadamente por la misma época en que George Bailey llegaba a la mayoría de edad; la expresión se hizo popular cuando Arthur R. «Pop» Momand inició una tira cómica del mismo nombre en 1913.)

La frustración de George por seguir el ritmo de los demás se manifiesta en varias ocasiones a lo largo de la película, entre las que destaca el momento en que, tras participar en la inauguración del nuevo hogar de los Martini en Bailey Park, George y Mary reciben la proposición de Sam Wainwright de reunirse con él y con su esposa en Florida. Sam es un viejo amigo de George; es el que aparece rebuznando en la escena de los trineos en la que conocemos a George Bailey de niño. Pero ambos se parecen como un huevo a una castaña. Tras la crucial escena del teléfono en la que Sam anima a Mary y a George a empezar «de cero» en una fábrica que su padre va a poner en marcha para producir plásticos a partir de soja, George se dirige a Mary lleno de frustración: «¡Escúchame bien! ¡Yo no quiero plásticos! ¡No quiero ceros!». En otras palabras: «¡Escúchame! No quiero ser Sam Wainwright».

Pero en su fuero interno, en ciertos sentidos, George sí que desea ser Sam Wainwright. La presencia de Sam incomoda a George porque Sam se marchó de Bedford Falls y está haciendo todas las «cosas importantes» que han esquivado a George. Esto queda patente desde la escena en la que George y Mary están ofreciendo el pan, la sal y el vino a los Martini, y George repara en Sam y su nueva mujer en la calle, junto a su coche con chófer. George se siente ligeramente irritado por la presencia de su amigo. («¡Sam Wainwright!», le indica a Mary mientras señala con la cabeza hacia la calle, a lo que Mary replica: «¡Oh!, ¿y a quién le importa?»; una respuesta mordaz que sugiere que sabe que George se debate a propósito de Sam).

Sam está viviendo una vida lujosa, mientras que George está «librando la batalla de Bedford Falls». Recordemos asimismo que Sam, aunque fuese desde lejos, tenía en su momento los ojos puestos en Mary; para gran regocijo de la madre de esta, Sam la telefoneó la noche en que George se presentó en su casa después de la fiesta en honor de los recién casados Harry y Ruth. Y aunque George no es de esos tipos que gustan de colgarse medallas, fue él quien le dio a Sam la idea de fabricar plásticos a partir de soja; una idea que, por cierto, Henry Ford estaba implementando por aquel entonces. (Sam: «¿Recuerdas aquella noche en el bar de Martini cuando... me dijiste que habías leído algo sobre la posibilidad de fabricar plásticos con soja? Pues bien, escucha. A mi padre le ha encantado la idea».) De manera que el padre de Sam entrega a su hijo una gallina de los huevos de oro basada en la soja, y el padre de George entrega a su hijo una compañía de empréstitos en apuros. Más aún, fue George quien le sugirió a Sam que instalase una fábrica para producir ese plástico en Bedford Falls, una idea que el señor Wainwright implementará posteriormente; fuera de la nueva casa de los Martini, Sam dice: «Hemos hecho una parada en la ciudad para echar un vistazo a la nueva fábrica y después nos vamos a Florida».

Cuando invita a George y a Mary a reunirse con ellos, la brecha que separa a ambos hombres nunca ha sido tan grande, al menos desde la perspectiva de George. Él no dispone ni del tiempo ni del dinero para tan fantasiosa aventura. Cuando Sam y su mujer parten hacia la soleada Florida, el «¡hiaaa, hiaaa!» característico de Wainwright irrita a George como las uñas en la pizarra. En ese momento, George está harto de matarse a trabajar. Preferiría ser el despreocupado Sam Wainwright. Cuando cierra de una patada la puerta de su coche sin chófer, estalla su frustración.

En la escena siguiente, Potter le ofrece un empleo a George. La yuxtaposición de las escenas del no a Florida y del sí a Potter, al menos inicialmente, es brillante por parte de Capra. Ahí tenemos a George Bailey, que, en una escena, lamenta no tener más (no poder llevarse a su mujer de vacaciones a Florida) y en la escena siguiente tiene la oportunidad de obtener justamente eso: más. Mucho más. Una ocasión de llegar a ser exactamente lo que está lamentando no ser. «No te importaría vivir en la casa más bonita de la ciudad... No te importaría, ¿verdad, George?», lo tienta Potter.

Un último ejemplo: en la crisis de Nochebuena de George, su hijo Pete echa leña involuntariamente al fuego de la frustración de su padre al anunciarle que los vecinos tienen un coche nuevo. «Bueno, ¿qué le pasa a nuestro coche? —replica George con brusquedad—. ¿No es lo bastante bueno para ti?». (Léase: «¿Qué soy yo?, ¿un fracasado porque no soy el señor Brown o Sam Wainwright, porque básicamente me he convertido en mi padre, porque nunca he llegado a construir casas, diseñar nuevos edificios y proyectar modernas ciudades?».)

Pero el ángel Clarence lo cambia todo. El viaje de regreso de George al país de no-haber-nacido, aunque doloroso para él aquí y allá, arrasa con ese insidioso deseo de lo que otros poseen. Y le recuerda que tiene todo cuanto necesita.

14. Todo cambia con la perspectiva

¡Oh, mira esta maravillosa casa vieja y llena de corrientes de aire! ¡Mary! ¡Mary!

GEORGE BAILEY

¿Qué ha cambiado en la vida de George Bailey una vez que Clarence le ha mostrado cómo habría sido la vida sin él? ¿Cuando se percata, en ese puente cubierto de nieve, de que los pétalos de Zuzu vuelven a estar en su bolsillo? ¿Cuando corre por las calles de Bedford Falls, deseándole a todo el mundo, incluida la compañía de empréstitos, una «¡feliz Navidad!»?

En lo que atañe a las circunstancias, absolutamente nada.

Recordemos que, hasta donde él sabe, su vida es exactamente igual que era unas horas antes; Clarence no ha hecho nada para cambiar la situación. A saber: la Compañía de Empréstitos Bailey sigue sin encontrar los ocho mil dólares perdidos y, con el inspector bancario en la ciudad, está en grave riesgo de quiebra. George y los miembros de su extensa familia —más allá del tío Billy, el primo Eustace y la prima Tilly— perderán su empleo, y el dinero de centenares de personas que han confiado en la compañía de empréstitos puede esfumarse. Peor aún, por la amenaza de Potter, George puede suponer que hay una orden de detención contra él. Es probable que un reportero del *Bedford Falls Sentinel* esté trabajado en una historia sobre la que planea la sombra de la malversación; después de todo, ¿cómo pueden perderse de repente ocho mil dólares?

Todos esos escollos casi hacen que parezcan triviales los problemas de menor envergadura de los que George se quejaba unas horas atrás: el «viejo granero lleno de corrientes de aire» en el que George y su familia «tienen» que vivir. (¡Ese maldito poste de la escalera!). Las dificultades de una gran familia. («¿Llamas a esto una familia feliz? ¿Por qué hemos tenido que tener todos estos críos?»). El hecho de que los Brown tengan un coche nuevo y los Bailey no. Finalmente, por supuesto, está ese pequeño fuego a propósito de la maestra de Zuzu, que George, en su ira, roció con gasolina cuando la puso verde por teléfono y luego amenazó a su marido, que había acudido en su defensa.

Quizás el mejor resumen de esa enmarañada red de calamidades fuese la respuesta de George en su diatriba de Nochebuena cuando Mary le preguntó si algo iba mal: «¿Mal? ¡Todo va mal!».

Y repitamos una vez más que ninguna de esas circunstancias ha variado un ápice cuando George corre hacia su casa tras su interacción con Clarence. Entonces, ¿por qué anda deseando a la comunidad entera —qué demonios, incluso al señor Potter— una «¡feliz Navidad!»? ¿Por qué entra en su casa sonriendo, riendo, estrechando la mano del inspector bancario y deseando felices fiestas al *sheriff*, que le hace entrega de una orden de arresto? ¿Sonriéndole al fotógrafo del *Sentinel*? ¿Besando ese poste desmontable de lo que ahora es una «maravillosa casa vieja y llena de corrientes de aire»? ¿Apiñando a sus hijos en sus brazos? ¿Abrazando a Mary como si acabase de regresar de la guerra?

De hecho, si las circunstancias de la vida de George, hasta donde él sabe, no han cambiado en absoluto a esas alturas, ¿por qué está rebosante de vida, entusiasmo y amor?

Porque *él* ha cambiado, ese es el motivo. Su actitud. Su perspectiva. Por ello, aun cuando tiene que desenredar un lío colosal, en realidad le importa un bledo. Porque lo verdaderamente importante (la familia, los amigos y la fe) ha adquirido ahora tal prominencia en su vida que el resto se le antoja irrelevante. Tiene una especie de fe ciega en que podrá superar cualquier adversidad porque ahora ve con claridad. Han caído las escamas de sus ojos. Incluso antes de que se presente su hermano Harry para recordárselo a todo el mundo, se da cuenta de que es, de hecho, el hombre más rico de la ciudad.

El pastor Charles Swindoll de Dallas, Texas, lo expresó magníficamente:

> Cuanto más vivo, más consciente soy del impacto de la actitud en la vida. Para mí, la actitud es más importante que los hechos. Es más importante que el pasado, que la educa-

> ción, que el dinero, que las circunstancias, que los fracasos, que los éxitos, que lo que piensen, digan o hagan los demás. Es más importante que la apariencia, los dones o las destrezas. Hará que triunfe o fracase una empresa..., una iglesia..., un hogar. Lo más extraordinario es que podemos elegir cada día la actitud con la que afrontaremos la jornada. No podemos cambiar nuestro pasado..., no podemos cambiar el hecho de que las personas obren de una determinada manera. No podemos cambiar lo inevitable. Lo único que podemos hacer es aprovechar lo que tenemos, y esa es nuestra actitud... Estoy convencido de que el diez por ciento de la vida es lo que sucede y el noventa por ciento cómo reacciono ante ello.

Resulta fácil olvidar que, en *¡Qué bello es vivir!*, el auténtico cambio que experimenta George no tiene nada que ver con ese cesto de la ropa lleno de dinero, ni en realidad tampoco con el afecto que sus amigos derraman sobre él esa Nochebuena. Eso es tan solo el glaseado circunstancial de la tarta de la nueva actitud. El verdadero cambio se obra en el interior de su alma. Por vez primera, George Bailey mira la vida con nuevos ojos.

15. La oración lo cambia todo

Yo soy la respuesta a tu oración.
Por eso me han enviado aquí abajo.

El Ángel Clarence, después de que George le diga: «He recibido un puñetazo en la mandíbula en respuesta a mi oración»

Cuando George Bailey entra en el bar de Martini en Nochebuena, está en el momento más bajo de su vida. En el lapso de unas pocas horas: a) se ha enterado de que la Compañía de Empréstitos Bailey ha perdido ocho mil dólares justo cuando se presenta el interventor bancario del estado; b) casi ha amenazado con matar al tío Billy, que parece haber perdido el dinero; c) se ha distanciado de las personas a las que más quiere, Mary y los niños; d) ha oído decir al viejo Potter que se ha dictado una orden de arresto contra él; y e) ha visto rechazada su desesperada petición de un préstamo por parte de Potter, el hombre con quien su familia ha peleado durante décadas.

Contra ese telón de fondo, ha bebido lo suficiente como para que el empleado de Martini, Nick, se apresure a preguntarle si quiere que lo lleven a casa. Un Martini evidentemente preocupado le pregunta a George por qué está bebiendo tanto y lo anima a marcharse a casa y pasar la Nochebuena con su familia.

Pero primero George hace algo que admite no querer hacer: reza. «Querido Padre que estás en el cielo —comienza—. Yo no suelo rezar, pero, si estás ahí arriba y puedes oírme, muéstrame el camino. Estoy al borde del abismo. Yo... Enséñame el camino, Dios mío.» En ese momento, un hombre que está a su lado en la barra, un tal señor Welch (a quien no conoce de nada), se entera de que es George Bailey y procede a noquearlo con un derechazo en defensa de su esposa, la maestra de la escuela a la que George ha regañado por teléfono. Mientras se recupera del golpe, George murmura: «Esto es lo que consigo con mi oración».

No, lo que consigue con su oración es a Clarence y una nueva oportunidad en su vida. En la escena inicial de la película, los ángeles Franklin y Joseph están escuchando las oraciones de los ciudadanos (el señor Gower, Martini y Ernie) y familiares: la madre de George, Mary, Janie y Zuzu.

«Muchas personas están pidiendo ayuda para un hombre llamado George Bailey», dice Joseph. Pero es evidente que los ángeles han escuchado asimismo las plegarias de George y están al tanto de la turbación de este. Franklin sabe, por ejemplo, que George estará en ese puente nevado a las 10.45 de la noche, y que estará «pensando seriamente en echar a perder el regalo más grande de Dios». «¡Santo cielo, su vida!», mete baza Clarence. No podría haberlo sabido únicamente a raíz de las oraciones de los demás. Y en la primera conversación de George y Clarence, mientras se secan en la caseta de peaje del puente, el ángel le revela con franqueza por qué ha acudido.

—Te está sangrando el labio, George.

—Sí, he recibido un puñetazo en la mandíbula en respuesta a mi oración hace un rato.

—Oh, no, no, no, George. Yo soy la respuesta a tu oración —dice Clarence—. Por eso me han enviado aquí abajo.

No es que George se lo crea a falta de alguna prueba seria por parte de Clarence; tiene el gen de la duda del discípulo Tomás. Pero después de que a George se le muestre la vida sin que él la hubiera vivido, después de que nadie lo reconozca, después de que Mary huya de él y Bert el policía dispare contra él, llega a su segundo momento de desesperación, siendo el primero, por supuesto, la escena del bar. ¿Y qué es lo que hace?

Vuelve a rezar. «¡Clarence, Clarence! Ayúdame, Clarence. Devuélveme. Devuélveme. No me importa lo que vaya a ser de mí. Simplemente devuélveme a mi mujer y a mis hijos. ¡Ayúdame, Clarence, por favor! ¡Por favor! Quiero volver a vivir. Quiero volver a vivir. Quiero volver a vivir. Por favor, Dios mío, déjame vivir de nuevo.»

¿Y qué ocurre cuando pronuncia el nombre de Dios? Comienza a caer la nieve. Los pétalos de Zuzu vuelven a su bolsillo. Y retorna la esperanza al alma de un hombre que, solo un rato antes, estaba dispuesto a suicidarse. Esa, no el puñetazo del marido de la maestra, es la respuesta de George a la oración: la voluntad de volver a vivir.

Todos hemos estado en ese puente de la desesperación en algún momento de nuestra vida. La respuesta no consiste en mirar hacia abajo a las aguas, sino en alzar la vista a los cielos.

16. Deléitate con los logros ajenos

Muy celoso. Muy celoso. Tan celoso
que no cabe en su gozo.

Billy a Henry Potter a propósito de la
reacción de George a la noticia de
que Harry ha recibido la «Medalla
de Honor del Congreso»

George Bailey no es más que un ser humano. Anhela cosas que no posee. Tiene envidia de Sam Wainwright en ciertos sentidos. Se enfada, incluso con su propia familia. Pero también está repleto de virtudes; entre ellas figura su disposición a ayudar a los demás sin reclamar palmaditas en la espalda por su bondad. Eso se llama humildad.

Pensémoslo. ¿Cuándo se regodea George con su éxito? Le salva la vida a su hermano Harry, que está en apuros en ese estanque congelado, pero ¿dónde estaban los titulares en el *Bedford Falls Sentinel*? Tras la muerte de su padre, cuando renuncia a sus sueños universitarios para dirigir la compañía de empréstitos, nadie declara «el Día de George Bailey». Junto con Mary, ayuda a salvar la Compañía de Empréstitos Bailey en el lluvioso día de su boda, pero no recibe ningún elogio por ese acto. Le da dinero discretamente a Violet Bick para ayudarla a empezar una nueva vida en Nueva York, pero, más allá de un beso de esta en la mejilla, nadie lo promociona como Filántropo del Año.

De hecho, Potter utiliza en su contra esa buena obra, sugiriendo, cuando George le suplica un préstamo en Nochebuena, que ese gesto podría acarrearle problemas en casa. (Huelga decir que los quisquillosos podrían preguntarse de entrada cómo se había enterado alguien de ese préstamo en cuestión de horas, y menos que nadie el señor Potter. Después de todo, aquello había ocurrido a puerta cerrada. Y es cierto que la prima Tilly, el primo Eustace y el inspector bancario presencian el beso en la mejilla de Vi a George, pero ¿vamos a suponer acaso que uno de ellos —o la propia Vi— corriera la voz?)

Desde luego, la gente le agradece a George su preocupación por los demás. Vi aprecia claramente su generosidad. También el señor Gower, que le compró a George una maleta especial cuando el joven se preparaba para emprender su viaje planeado alrededor del mundo, recordando aún sin duda aquel incidente en que George, de niño, había salvado el pellejo del farmacéutico al negarse a entregar las cápsulas de veneno. Pero nadie está cantando las alabanzas a George al público en general. Y, significativamente, George tampoco está reclamando un agradecimiento semejante.

En esencia, George Bailey es la encarnación de Mateo 6: «Cuidad de no practicar la justicia delante de los hombres para ser vistos por ellos; de lo contrario no tendréis recompensa de vuestro Padre celestial. Por tanto, cuando des limosna, no lo vayas trompeteando por delante como hacen los hipócritas en las sinagogas y por las calles, con el fin de ser honrados por los hombres» (vv. 1-2).

George hace lo correcto porque es lo correcto, no para granjearse los halagos de quienes lo rodean. Es uno de esos tipos para quienes la virtud encierra su propia recompensa. Invierte en las personas de maneras discretas entre bambalinas, que mantienen la atención centrada no en aquel que da, sino en quien recibe.

Consideremos la escena en la que los Martini se mudan a su nueva casa. El foco de atención son los Martini, no la Compañía de Empréstitos Bailey, que hizo posible ese sueño. Sí, ahí está George Bailey intentando que entren en el coche una cabra y los hijos de los Martini. En el panorama actual, en el que los relaciones públicas exhiben en anuncios en la web y en tuits esas buenas obras del estilo de «mirad lo que hemos hecho», el único motivo por el que el director de una sociedad de préstamos se rebajaría a ese nivel sería para conseguir una buena sesión fotográfica.

Pero George no solo no necesita los focos, sino que se siente feliz proyectándolos sobre los demás. Cuando Harry gana la Medalla de Honor, George reparte ejemplares del periódico con la historia de su hermano en portada. Potter, que siempre anda buscando el mal ajeno para justificar el mal propio, le sugiere al tío Billy que la noticia debe de haber hecho que George, que había sido rechazado por la oficina de reclutamiento debido a su oído enfermo, se sienta celoso y eclipsado.

«Muy celoso. Muy celoso —dice el tío Billy—. Tan celoso que no cabe en su gozo.»

Pese a su preocupación por lo que el matrimonio de su hermano Harry pueda conllevar para su futuro —recordemos la escena de la estación de tren en la que un George con los ojos como platos se queda petrificado al escuchar las palabras de Harry, «conocer a mi mujer»—, George no se refugia en la autocompasión. (Bueno, de acuerdo, cuando más adelante se marcha de la fiesta para dar un paseo, podría estar tanteando el terreno de la autocompasión.) A pesar de la sacudida emocional, se recupera como si dijese: *Lo importante aquí no soy yo, sino Harry y Ruth.* «¿Qué estoy haciendo? —George balbucea y acto seguido besa en la mejilla a su nueva cuñada, mitigando con humor su agitación interior—: ¿Qué hace una chica tan guapa como tú casada con un insensato como mi hermano?»

Por supuesto, la disposición de George a honrar a los demás por encima de sí mismo experimenta un giro irónico al final de la película: toda una vida de entrega culmina en el hecho de que todas las personas que han recibido su ayuda le prodigan a cambio elogios, dinero y honores. De esta guisa, la escena final de la película evoca un pasaje de Mateo 6 que sugiere que, si nadie más ve nuestras buenas obras, Dios sí: «Tú, en cambio, cuando des limosna, que no sepa tu mano izquierda lo que hace tu derecha; así tu limosna quedará en secreto; y tu Padre, que ve en lo secreto, te recompensará» (vv. 3-4).

17. No esperes a decirle a alguien que te importa

Papá, ¿quieres saber una cosa?
Creo que eres un tipo extraordinario.

GEORGE A SU PADRE DURANTE LA CENA

Es la noche del baile de graduación de Harry y, mientras el joven está arreglándose en el piso de arriba, George y su padre, Peter, charlan al tiempo que acaban sus platos. El padre pregunta a su hijo George si tiene algún interés en hablar de la Compañía de Empréstitos Bailey. George le deja claro que prefiere dedicarse a otras cosas. Luego, de repente, le dice: «Papá, ¿quieres saber una cosa? Creo que eres un tipo extraordinario».

Solo unas horas después, Peter Bailey estará muerto. Pero ¿qué hijo no querría que sus últimas palabras a sus progenitores fuesen parecidas a las que George le dijo a su padre: explícitamente que lo quería? ¿Y qué progenitor no resplandecería en su interior al escuchar semejante declaración, independientemente de que esa madre o ese padre muriera esa noche o décadas después?

Aparentemente, las palabras de George se perdieron en las bromas entre Annie, la sirvienta de la familia, y George, que la invita a acercar una silla. Y, sin lugar a dudas, Peter Bailey se siente decepcionado por el hecho de que

George descarte por completo la idea de hacerse cargo del negocio familiar. Dicho esto, hemos de creer que a Peter Bailey le resultaría reconfortante saber que su hijo le profesaba tanto respeto.

Asumir que le importas a alguien no es lo mismo que si esa persona te recuerda que eres importante para ella; de hecho, las palabras, los gestos o, en este caso, un acontecimiento entero, son muy elocuentes. Cuando escribo estas páginas, acabo de regresar de uno de tales eventos. En lo que llegó a ser la versión de nuestra comunidad de la película *Profesor Holland*, un exdirector de coro de instituto de ochenta y cinco años dirigió a sus alumnos —que ahora tienen cuarenta y tantos y cincuenta y tantos años— en un concierto de diez canciones en su antiguo instituto. A petición de estos. (En la película, un director de banda que se retira a sus sesenta años, interpretado por Richard Dreyfuss, es sorprendido en el auditorio por sus antiguos alumnos, quienes le entregan una batuta y, para rendirle honores, tocan la sinfonía que él había escrito, pero jamás había escuchado interpretada.)

En el evento de la vida real al que yo asistí, las promociones desde 1969 hasta 1982 que habían cantado bajo la dirección del mismo hombre se reunieron para rendir homenaje a su director y mentor. El auditorio estaba abarrotado. La atmósfera era mágica. El vínculo entre director y estudiantes era evidente. Todos salimos del evento como si flotáramos en el aire, a causa de tan inspiradora combinación de música, tiempo, respeto, honor y cosas aún más profundas.

De hecho, durante el programa, el director confesó al público que en verdad no se trataba de música. «De lo que aquí se trata en realidad es de amor. Yo los quiero y, por alguna razón, ellos me quieren a mí.»

En un mundo despiadado, donde las noticias diarias nos hablan con tanta frecuencia de lo contrario del amor, era un auténtico privilegio formar parte de esa historia de varias décadas. Pero ¿por qué sucedió, en primer lugar? Porque las personas percibían la importancia de comunicarle a aquel hombre cómo se sentían, y se tomaron la molestia de hacerlo de una manera increíblemente especial.

La planificación del evento duró un año. Los antiguos alumnos, con sus atareadas vidas, regresaron a la ciudad donde habían estudiado secundaria desde todos los rincones del país. Eso requirió dinero. Tiempo. Esfuerzo. Preparación. Exigió toda suerte de sacrificios.

Resultó que yo estaba en un restaurante después del colofón de aquella noche de sábado, cuando el homenajeado entró para reunirse con su familia, que había acudido a Oregón para el evento nada menos que desde Florida. Sonaron unos tímidos aplausos. Luego, buena parte del restaurante, que estaba al tanto de la historia, se unió a la ovación dirigida a aquel hombre. Un momento memorable.

Disponemos de un tiempo limitado para decirles a los demás que los queremos. En la mayoría de los casos, esto puede hacerse de un modo harto más sencillo, rápido y económico que este evento: una palabra. Una carta. Un correo electrónico. Un regalo inesperado o un viaje sorpresa. El «cómo» es la parte insignificante. Lo importante es no esperar hasta que sea demasiado tarde.

En cierta ocasión, mientras dirigía un retiro para hombres, repartí taquitos de notas adhesivas. Cada vez que menciono la idea de contarle lo que sientes a alguien a quien quieres, escucho inevitablemente el comentario: «Tú eres escritor. A ti te resulta fácil hacerlo. A los demás nos cuesta mucho más». Volví a escucharlo en aquel retiro.

«Es verdad —les dije—, pero la belleza de vuestras palabras al destinatario no radica en lo maravillosa que sea vuestra composición. La belleza reside en el esfuerzo, en el sentimiento que subyace a vuestras palabras, en el vínculo que estas representan. Y es algo sencillo. Podéis escribir cosas en las notas adhesivas, a modo de recordatorio de que un gesto aparentemente pequeño es en realidad un gesto enorme.»

Las últimas palabras de George Bailey a su padre no fueron ningún alarde de belleza poética: «Creo que eres un tipo extraordinario». Pero hemos de creer que, para un hombre que había tenido una vida a todas luces agotadora —«Hoy he tenido otra pelea con Potter», le había contado antes Peter Bailey a su hijo— y que estaba preocupado por el futuro de su hijo —«Tu madre y yo nos hemos pasado media noche hablando de ello»—, las palabras de George resultarían reconfortantes.

Podemos imaginar que esas palabras brindarían a la turbulenta alma de su padre al menos un alto el fuego temporal, y que le permitirían concentrar su atención en lo realmente importante. *Puede que Potter me desprecie, pero tengo junto a mí a personas que me quieren y me respetan.* Podemos imaginar que le levantarían el ánimo y le recordarían —en lo que resultaría ser la noche de su muerte— que su legado, que perviviría en sus hijos, había sido honorable.

18. Todo viaje tiene un destino secreto

Voy a ver mundo. Italia, Grecia,
el Partenón..., el Coliseo. Después volveré
aquí e iré a la universidad para ver lo que
saben... y luego construiré cosas...

GEORGE BAILEY

Si le hubiéramos ofrecido a George Bailey un avance de su vida, si le hubiéramos mostrado un noticiario del hombre que llegaría a ser, las secuencias en las que apareciese casado con Mary Hatch, como padre de cuatro hijos, presidente de la Compañía de Empréstitos Bailey y, por encima de todo, arraigado en el lugar del que deseaba marchar con tanta desesperación, Bedford Falls, cabría pensar que tendría emociones encontradas.

El proyecto de Mary y los niños podría habérsele antojado atractivo, pero ¿quedarse en Bedford Falls? Este es el tipo que le dijo a su padre que no, gracias, cuando este le propuso que se hiciera cargo de la empresa familiar. Deseaba hacer algo «grande» e «importante». Habría cogido cualquier bola de cristal que estuviese siendo utilizada para predecir ese destino consistente en estar atrapado en su ciudad natal y la habría arrojado a un lado, como hizo con las maquetas a escala de su puente y sus rascacielos en el salón familiar en aquella Nochebuena que cambiaría su vida. O bien, con un sentido más sosegado de la dignidad, habría argüido serenamente que debía de tratarse de un error. El futuro que se estaba prediciendo era el de George Bailey, un tipo que iba a conocer mundo. A hacer cosas. A construir puentes y aeródromos y rascacielos «de cien pisos».

Pero, al final de la película, lo que George descubre es que el camino de la vida nos conduce a lugares que jamás habríamos esperado, y que nada malo hay en ello. Podríamos pensar que estamos yendo «hacia aquí», pero la vida podría llevarnos «hacia allá». Como dice el filósofo judío Martin Buber: «Todo viaje tiene un destino secreto que el viajero ignora».

Mi mujer y yo fuimos a Boston con motivo de un discurso en un banquete de un hospital de Boxborough, Massachusetts. Un vistazo a MapQuest nos indicó que deberíamos tomar una autovía hacia el norte y otra hacia el suroeste. Pero nunca me han gustado las autovías. Le sugerí a mi mujer que cogiéramos las «carreteritas serpenteantes» que nos llevarían por lo que parecía ser una ruta más directa, si bien más lenta debido a las curvas.

Eso hicimos. Pronto nos encontramos recorriendo carreteras estrechas, pero atractivas, donde las casas habían cedido el paso a los bosques. Un cartel anunciaba una pequeña tienda de pueblo: «Walden Pond Market» («Mercado del lago Walden»), rezaba. Me figuré que alguien estaba intentando sacar provecho del escritor Henry David

Thoreau para vender comestibles; una ironía, habida cuenta de que este autor abrazaba tan enérgicamente el mundo no materialista.

Pero, cuando dimos la siguiente curva, lo vi: un hermoso lago que se extendía hacia el oeste. *¿Podría ser ese de veras?* Una rústica señal de madera respondió mi pregunta al poco de habérmela formulado. «Lago Walden», decía. De algún modo nos habíamos topado con el estanque donde el hoy célebre y a la sazón desconocido autor se había retirado en 1845, con el fin de sumergirse en el arte de vivir con sencillez, fruto de lo cual era su libro emblemático, *Walden.*

Era como si un católico estuviera en Italia y se topara por casualidad con el Vaticano. Como si un aficionado al béisbol estuviera en el estado de Nueva York y se tropezara con Cooperstown. Como si un naturalista estuviera en Arizona y se descubriera contemplando el Gran Cañón.

Nuestro viaje tenía un destino secreto que ninguno de nosotros conocía en un principio. Eso mismo le sucedía al viaje de George Bailey. Jamás fue a ninguna parte. Jamás construyó cosas. ¡Qué demonios!, ni siquiera era capaz de fijar el poste de la escalera al pasamanos. Ah, pero mientras Sam Wainwright recorría la autovía hacia el éxito material y su hermano Harry viajaba por la autovía hacia la gloria del fútbol y la guerra, George estaba siguiendo las rutas serpenteantes del bosque. Y allí, en una Nochebuena que había comenzado como si estuviera abocada al desastre, él también descubrió algo maravilloso que ni siquiera había estado buscando.

Comprensión. Esperanza. Renacimiento.

No en algún lugar remoto como Italia, Bagdad o Samarcanda, sitios que una vez le había contado al hombre de la tienda de equipajes que quería visitar, sino en el salón del viejo caserón de los Granville, rodeado por su familia y sus amigos, que habían recolectado dinero para él en una cesta de mimbre. Cierto es que George había hecho una excursión alternativa a través del tiempo, guiado por un ángel llamado Clarence, pero esta había sido solamente un medio para un fin, para su auténtico «destino secreto» —su lago Walden o su Cooperstown—, el descubrimiento de que era el hombre más rico de la ciudad.

¿Dónde podría residir el destino secreto de tu vida? Como un viajero, nunca lo averiguarás si te ciñes a la trivialidad de las autovías.

19. No busques lo que es, sino lo que puede ser

Este viejo lugar es muy romántico.
Me encantaría vivir aquí.

MARY, LA NOCHE QUE GEORGE Y ELLA TIRAN PIEDRAS Y PIDEN DESEOS EN EL VIEJO CASERÓN DE LOS GRANVILLE

Si bien es cierto que George y Mary tienen mucho en común, también difieren en muchos respectos. Lo descubrimos en una de las primeras escenas de la película, en la que George, encargado de servir los helados y refrescos, está atendiendo a las niñas Mary Hatch y Violet Bick. (En aquellos tiempos, al parecer, era normal que dos niñas de nueve años estuviesen solas en el centro de la ciudad y que un muchacho de doce años despachase él solo en el mostrador.)

George se las da de joven con mucho mundo, que sabe incluso de dónde vienen los cocos: «¡Tahití, las islas Fiyi, el mar del Coral!». Mary no sabe de dónde vienen. George desea salir a explorar. Mary solo quiere helado de chocolate. Pero lo que distingue a Mary Hatch es que sabe lo que importa. Tiene una aguda perspicacia. Imaginación. Iniciativa. Intuición. Perspectiva. Y, en definitiva, sabiduría.

Y todo ello parece llevarla a pensar que la hierba no es necesariamente más verde en otro lugar. ¿Por qué no coger más bien lo que tienes aquí y ahora y sacarle el máximo partido?

Vemos esto por primera vez en la escena de la tienda de refrescos. Olvídate de los helados. Olvídate de las islas Fiyi. Lo que Mary desea, podemos suponer que entre otras cosas, es crecer y casarse con George Bailey. Puede que solo se trate de un amor juvenil, pero, cuando Mary susurra al oído malo de George «Te amaré hasta el día que me muera», estamos asistiendo a la iniciativa de una joven que reconoce lo bueno cuando lo ve. (¿Acaso no es cierto que ese chico llegará a considerarse el hombre más rico de la ciudad?) Poco importa que este modelo tenga sus deficiencias; el niño no oye por un oído, pues había saltado a ese lago helado para salvar a su hermano. Pese a las debilidades de George, Mary ve algo especial en él.

Otro tanto sucede con la casa de los Granville. Nueve años más tarde, cuando George y Mary regresan a casa caminando del baile del instituto, se topan con un caserón que podría haber sido bonito en su tiempo —en la década de 1890, pongamos por caso—, pero que no parecía precisamente una maravilla en 1929. «Ni los fantasmas querrían vivir aquí», dice George. Pero Mary la ve con otros ojos. «Este viejo lugar es muy romántico —dice con una sonrisa que ilumina su rostro—. Me gustaría vivir aquí.» Cuando ella contemplaba la casa, no veía su decrépito estado actual. En lugar de ello, se imaginaba lo magnífica que podía llegar a ser. No veía su decadencia, sino su potencial. No pensaba en su maltrecho pasado, sino que soñaba con su glorioso futuro.

Eso es lo que Dios hace con nosotros. No le importa tanto dónde hemos estado cuanto adónde vamos. No tanto cómo somos ahora cuanto cómo podríamos ser en el futuro. Tanto las derrotas de ayer cuanto nuestras posibles victorias de mañana. Con él todo se renueva. Incluso los tipos decrépitos como nosotros.

Mary Hatch comprende que las cosas buenas no están necesariamente «ahí fuera», sino aquí mismo, donde vivimos. De hecho, en nuestro interior. Recordemos que había ido a la universidad junto con Sam Wainwright y Harry Bailey, pero le cuenta a un incrédulo George que sentía nostalgia de Bedford Falls, subrayando así sus diferencias: él desea marcharse. Ella, habiéndose marchado, desea volver. En resumidas cuentas, Mary Hatch es una discreta guardiana de la sensibilidad que entiende que el corazón triunfa sobre la cabeza. La «clase [de chica] —dice la madre de George— que te ayudará a encontrar las respuestas».

Y, por supuesto, eso es exactamente lo que hace. Afianza a George en las cosas importantes del hogar, aunque le deja soñar de buen grado, con sus planes de hacer un viaje fabuloso en su luna de miel lejos de Bedford Falls y con las maquetas a escala de George de los edificios y de un puente en el salón familiar. Y salva la situación cuando, durante el pánico bancario, ofrece el dinero de la luna de miel a los clientes de la Compañía de Empréstitos Bailey. Ese mismo día, con una suerte de celo de Superwoman, transforma súbitamente la vieja casa de los Granville en una *suite* nupcial.

Esa escena recalca la habilidad de Mary para coger lo que la vida le ha dado y sacarle el máximo partido. En plena tormenta, el lugar está lleno de goteras como si estuviera construido con mosquiteras, pero Mary no se obsesiona con ello; en vez de eso, convierte la desvencijada casa en un hogar en tan solo unas pocas horas. Prepara el dormitorio. (Después de todo, es su noche de bodas.) Recluta a Bert y a Ernie para que cuelguen unos pósteres, en un guiño al espíritu viajero de su nuevo marido. Y luego prepara una cena a base de pollo, con la ayuda de un asador instalado en la chimenea de la casa y un gramófono.

Sencillamente, Mary comprende que las mejores cosas de la vida son las cosas simples que nos rodean, especialmente cuando se combinan con nuestra imaginación. Entonces podemos explotar esas cosas en aras de la bondad. ¿Por qué pasarnos la vida explorando los confines de la tierra en busca de ese escurridizo «algo», parece razonar, cuando, con solo un poco de iniciativa, podemos aprovechar las cosas buenas que tenemos a nuestro alcance y crear algo todavía mejor? ¿Recuerdas cómo, en la visita de George a casa de Mary, ella hace sonar «Buffalo Gals» en el gramófono para atizar las brasas de sus recuerdos?

Imaginación. Mary Hatch no es de esas que dejan «pasar» la vida sin más. Pero tampoco es de las que creen que la felicidad es algo que hemos de perseguir con un celo obsesivo «en otro lugar». ¿Y quién puede discutir su historial? A sus nueve años, anhela pasar la vida con George Bailey. Y lo logra. Sueña con vivir en el caserón de los Granville. Y lo logra. Y, en esa Nochebuena potencialmente fatal, reza para conseguir ayuda para su angustiado marido. Y lo logra.

La lección de Mary para nosotros consiste en ver y en apreciar todo lo que tenemos a nuestro alcance. Y, con la ayuda de Dios, sacarle más partido del que nadie podría haber imaginado.

20. Es ayudando a otros como nos ayudamos a nosotros mismos

Si lograra cumplir esta misión,
¿podría tal vez ganarme las alas?

CLARENCE A FRANKLIN

En mis treinta y seis años de periodista, una de las cosas que he aprendido es que las personas más felices son las que ayudan a los demás. Lo he visto una y otra vez. En precarios hospitales habilitados en iglesias de bloques de hormigón en Haití. En escuelas en las que los maestros se desviven por ayudar a los niños que no reciben mucha ayuda en casa. En el sótano de una iglesia que abre sus puertas a adolescentes sin techo durante los meses del frío invierno.

Con frecuencia, los individuos que actúan así están cortados por el mismo patrón que el ángel Clarence: son personas discretas y modestas que algunos podrían ver como unos parias. Personas no interesadas en impresionar a los demás. Personas con un gran corazón, un espíritu gentil y deseosas de tender la mano a aquellos que se hallan en apuros. Y personas que se sienten como si hubieran sido bendecidas durante sus experiencias.

Cierto es que Clarence inicia su misión con un motivo ulterior: quiere ganarse las alas. Aspira a una recompensa. Sin embargo, pronto se pone de manifiesto que es un ángel lleno de compasión, empatía y esperanza. Y está ansioso por ayudar. En otras palabras, no está tan preocupado por la recompensa como para pasar por alto que lo fundamental en este caso es *ayudar* a un hombre. «¡Espléndido!», dice cuando Franklin lo informa de que abajo, en la tierra, hay un hombre necesitado de ayuda.

Al fin y a la postre, sin embargo, Clarence consigue algo más que las tan ansiadas alas. Consigue asimismo la claridad de visión. Al comienzo de la película, Clarence carece de semejante visión, habida cuenta del comentario de su superior Joseph cuando no es capaz de ver la ciudad a la que ha de ir. «¡Oh, lo había olvidado! Todavía no tienes tus alas... Si alguna vez consigues tus alas —le dice el ángel—, lo verás todo por ti mismo.»

Eso es exactamente lo que he aprendido de los centenares y centenares de «dadores» a los que he entrevistado en un mundo lleno de tomadores: tienen claridad en la vida. Ven una verdad que los tomadores —los tipos que creen que quien muere con más juguetes es el que gana— no aciertan a ver. Y esa claridad es una afirmación de las palabras de Jesús en Hechos 20, 35: «Más bienaventurado es dar que recibir».

La idea no es que deberíamos dar a los demás con el fin de recibir, que, cabría argüir, es lo que Clarence está haciendo. Deberíamos dar más bien porque antes nos ha dado Dios y estamos llamados a seguir sus pasos. El beneficio colateral de bendecir a otros es ser bendecidos nosotros mismos.

¿Recuerdas la escena en la caseta de peaje del puente, cuando George y Clarence están secándose y calentándose? Clarence le cuenta a George que ha venido del cielo y que ha tenido que tirarse al río para salvarlo. «Sabía que, si me estuviera ahogando, tú intentarías salvarme. Y ya ves, lo has hecho, y así es como te he salvado.»

Opera aquí una dinámica fascinante, a saber: la idea de que quienes ayudan son ayudados al ayudar. Al lanzarnos, al correr un riesgo, al intentar salvar a otro, nos estamos salvando a nosotros mismos, sugiere Clarence.

Pero algunas personas nunca se arman de valor para saltar. Tienen miedo de renunciar a lo familiar en pro de lo desconocido, miedo de renunciar a todo cuanto poseen a cambio de algo que, en ese momento, no alcanzan a ver.

En Lucas 18, un rico gobernante pregunta a Jesús qué ha de hacer para heredar la vida eterna. Entre otras cosas, Jesús le dice: «Todo cuanto tienes véndelo y repártelo entre los pobres, y tendrás un tesoro en los cielos; luego, ven y sígueme» (v. 22).

Al carecer de visión, el gobernante «se puso muy triste porque era muy rico» (v. 23). Su riqueza nublaba su capacidad de ver —o de confiar en que algún día vería— los beneficios de dejar atrás su vida materialista para ayudar a los demás.

Su reacción contrasta con la del bíblico Isaías, quien, cuando Dios le pregunta «¿A quién enviaré?», le responde «¡Envíame a mí!» (Isaías 6, 8). Es evidente que Clarence tiene un toque de Isaías. Estaba preparado para partir, sin detenerse jamás a considerar los posibles riesgos. Reconozcámoslo: vivía en el cielo, una existencia muy cómoda, ¿verdad? Y, sin embargo, estaba ansioso por ir, incluso a pesar de sus fracasos pasados.

Al final, Clarence aprende la lección secreta que todos los verdaderos dadores aprenden: que, en efecto, al dar es cuando recibimos. Aunque podríamos adentrarnos en una situación desconocida con un enfoque borroso, el riesgo que asumimos nos reporta *claridad*. Por consiguiente, las personas a las que intentamos ayudar acaban ayudándonos a nosotros.

En cierta ocasión hablé en un banquete en el contexto de un programa sin fines de lucro, mediante el cual a los mentores adultos se les asignaban niños de comunidades rurales que parecían estar pasando inadvertidos, niños que no estaban recibiendo mucho apoyo en casa y necesitaban a alguien que los acompañase y creyese en ellos. No se trataba de un compromiso de poca monta; se esperaba que los adultos se comprometiesen a tutelar a esos muchachos que, de entrada, solo eran para ellos «chicos con problemas».

Cuando uno de esos adultos fue reconocido con un premio —en otras palabras, «se ganó las alas»—, se derrumbó en el estrado. «Esto no es justo —dijo—. ¿Por qué habrían de premiarme por darle tanto a ese muchacho cuando él me ha dado mucho más a mí?»

Había experimentado esa cosa maravillosa que solo aquellos que se atreven a arriesgarse pueden experimentar: al ayudar a otros nos ayudamos a nosotros mismos.

21. La vida no es un camino de rosas

¿Por qué hemos tenido que vivir aquí en...
esta vieja y miserable ciudad de mala muerte?

GEORGE BAILEY

Siempre me río para mis adentros cuando leo algún artículo cínico según el cual, por tomar prestadas las palabras empleadas por Potter en otro contexto, *¡Qué bello es vivir!* es un montón de «monsergas sentimentales». Poco después del estreno de la película en diciembre de 1946, el *New York Times* la definió como «una sarta de tópicos cándidos y optimistas». Otros lamentaban que fuese una película sensiblera y poco realista, escrita, dirigida y filmada por personas que llevaban gafas de color rosa.[1] «Una orgía de dulzura», opinaba el *Daily Graphic*. «Esto no es una película, es todo un vendaval de sentimientos», escribía el londinense *Daily Express*.

¿De veras? Estas observaciones resultan interesantes cuando exploramos realmente los matices de la vida de George Bailey tal como se describe en la película. Nos preguntamos si el final maravillosamente feliz del largometraje eclipsa la oscuridad que ha abocado hasta ese extremo. Los temas más generales aluden a dos momentos históricos, ninguno de los cuales puede considerarse particularmente optimista: la peor depresión económica de la historia de Estados Unidos y la guerra más devastadora que la humanidad jamás ha conocido.

Más allá de ellos, no obstante, centrémonos en los intrincados asuntos del propio George Bailey. La película comienza con una escena en la que escuchamos oraciones porque un hombre está tan afligido que ha dejado a su familia y anda vagando bajo una tormenta de nieve. Enseguida nos enteramos de que ese hombre, George Bailey, quiere suicidarse.

Súbitamente retrocedemos a la infancia de George. Este coge un resfriado cuando trata de salvar a su hermano, que estaba a punto de ahogarse en un lago helado, y pierde la audición en un oído. Más adelante, ese mismo oído empezará a sangrar cuando su jefe, el señor Gower, el farmacéutico, lo abofetee con fuerza.

Una de las noches más felices de la vida de George se vuelve trágica cuando se entera de que su padre ha sufrido un derrame cerebral y, posteriormente, este muere. George tiene un manojo de pequeños sueños (viajar, construir cosas e ir a la universidad). Pero todos ellos se ven frustrados. No logra ir a la universidad, no logra viajar, no logra construir nada más que las maquetas de rascacielos y de un puente en su salón de Bedford Falls.

Está tan solo que, mientras todos celebran la boda de su hermano Harry y Ruth, él deambula por el centro y trata de conseguir una cita con la fulana de la ciudad y después es humillado por esta, para deleite de una muchedumbre que se ha congregado para reírse largo y tendido, y de manera vejatoria, de George el perdedor.

Cuando pasa por casa de Mary Hatch, la madre de esta lo desprecia. Cuando Mary y él liberan su mutuo deseo latente con un abrazo, la señora Hatch, que está escuchando a escondidas, estalla en sollozos, horrorizada porque Mary está renunciando a la buena vida con el chico de la gran ciudad, Sam Wainwright, por ese don nadie de su localidad natal. Tras casarse con Mary, George ni siquiera consigue irse de luna de miel, porque se queda para salvar la Compañía de Empréstitos Bailey durante un pánico bancario. (¿Captamos el patrón? Los momentos felices frustrados por la cruda realidad; no todo le sale a pedir de boca.) No pasa su luna de miel bebiendo el champán más caro, como había planeado, sino comiendo en el salón de una casa desocupada que no le pertenece, mientras la lluvia se filtra por un techo con goteras.

El hombre se mata a trabajar para mantener a flote la empresa familiar. Gana cuarenta y cinco dólares semanales, parte de los cuales le da a su madre. No puede comprarse un bonito coche, como sus vecinos los Brown. No puede tomarse tiempo libre para llevar a Mary a Florida con Sam y su nueva esposa, presumiblemente por cuenta de Sam. Y no puede estar en desacuerdo con Potter cuando, en su intento de contratarlo, este describe a George como un joven que «odia su trabajo, que odia la compañía de empréstitos casi tanto como yo. Un joven que se muere por prosperar desde el día en que nació».

George no se convierte en un héroe de guerra en el extranjero, sino en un humilde vigilante antiaéreo en el frente interno; la oficina de reclutamiento y Potter lo declaran no apto para el servicio a causa de su oído enfermo. Cuando el tío Billy pierde miles de dólares del dinero del banco, George carga con la culpa, aunque casi apalea a ese viejo tonto por su falta de memoria. Grita a su mujer, grita a su hijo, grita por teléfono a la maestra de Zuzu, grita al marido de la maestra. Destroza las maquetas en las que ha estado trabajando y, a todos los efectos, Mary le pide que se largue.

Cuando se marcha, Potter lo reprende por ser un «joven frustrado y retorcido», pide una orden de detención contra él —al margen de la legalidad de esta— y telefonea a la prensa para que pregone la noticia de la ruina de George. George se toma unos buenos tragos en el bar de Martini y, después de rezar, recibe una paliza de un tipo del bar, que resulta ser el marido de la maestra a la que había puesto verde por teléfono.

Dolorido por el puñetazo y embotado por la bebida —desde luego no estaba en condiciones de conducir—, se monta en su coche y embiste contra un árbol. Luego tropieza con un puente y, mientras la nieve se arremolina en torno a él, mira furtivamente a su alrededor para ver si hay alguien observando y se encorva como para saltar.

¿Es esta una «orgía de dulzura»?

Aunque con sus partes dulces y sus escenas divertidas, y un final obviamente optimista, es también una película lúgubre sobre un hombre que es una especie de bomba de relojería, cuya furia latente acaba explotando en Nochebuena. De hecho, una de las razones por las que se cree que el filme no funcionó especialmente bien en taquilla cuando se estrenó es que se había promocionado como una historia de amor alegre y optimista, que es lo que los espectadores deseaban en los años posteriores a la Segunda Guerra Mundial, pero a muchos se les antojó demasiado fría y sombría. Demasiado cercana a su realidad.

Más de medio siglo después, aunque *¡Qué bello es vivir!* puede calentar el corazón, puede recordarnos asimismo que, en las palabras de una vieja canción de Amy Grant, «la vida es dura... y puede que no se vuelva más fácil».[2]*

* «*Life is hard... and it might not get easier*». (*N. del T.*)

22. Hace falta un pueblo entero para educar a un niño

No son mis hijos.

El señor Potter

Pero son los hijos de alguien.

Peter Bailey

¡Qué bello es vivir! no es solo una película sobre un hombre llamado George Bailey. Es un filme sobre un lugar, Bedford Falls, que, en esencia, se convierte en un personaje de la historia. Se nos muestra que la ciudad tiene una personalidad que cambia drásticamente en función de quién guíe su destino: los Bailey o Potter. Cambia de vestuario en función de la estación, de suerte que el director Frank Capra intensifica la historia con la nieve, el viento, la lluvia y el sol. Diríase dotada de una personalidad colectiva, por ejemplo, durante la escena del pánico bancario, cuando la muchedumbre acude a retirar su dinero y, al escuchar una sirena —una adición improvisada del director Capra, por cierto—, se aglomeran todos a una en la ventana para mirar. Bedford Falls se retrata como una luchadora, una alborotadora y una ciudad que algunos quieren dejar en busca de algo mejor. Pero, en gran medida gracias a los

Bailey, se describe asimismo como un lugar nutritivo que cuida de sí mismo.

La escena que apuntala este carácter aparece hacia el principio de la película, cuando Potter y Peter Bailey están discutiendo y se presenta un joven George en busca de consejo acerca del incidente de las cápsulas envenenadas. Potter sugiere que Peter no está presionando lo suficiente a los clientes para que paguen sus hipotecas. Pero corren tiempos difíciles, señala el fundador de la compañía de empréstitos.

—¡Entonces embárguelos! —dice Potter.

—No puedo hacer eso —objeta Peter—. Estas familias tienen hijos.

—No son mis hijos —replica Potter con desaprobación.

—Pero son los hijos *de alguien* —repone Peter.

Basta este intercambio para ver a dos hombres contemplando las mismas circunstancias con ojos muy diferentes. Potter ve a los niños como un factor adicional, un fastidio, un problema ajeno. Peter los considera importantes, esenciales para la ciudad, y los ve como su oportunidad para ayudar. Al hacerlo, subraya la idea de que hace falta un pueblo entero para educar a un niño, aunque esta se haya convertido casi en un cliché en nuestro siglo XXI.

Para Potter, los niños no son más que un estorbo. Es preciso estar muy atento para advertirlo, pero, en la escena inicial de los trineos, un cartel que aparece justo detrás de George cuando su hermano Harry se desliza colina abajo advierte: «Prohibido el paso. Henry F. Potter». De hecho, hasta que Capra la modificó justo antes del rodaje, la escena era mucho más larga y, lo que resulta más significativo, comienza con los niños jugando al *hockey* justo al lado de la casa de Potter, de aspecto carcelario, desde la cual alguien ha soltado unos «perros salvajes» que atacan a los niños, lo que acaba provocando que Harry rompa el hielo.

En el mundo de los Bailey, por supuesto, los niños son importantes. Se los toma en serio. George solo cuenta doce años cuando está trabajando en la tienda de helados y refrescos. Son honrados por los adultos. La escena del baile sugiere un vínculo estrecho entre los administradores de la escuela y los alumnos. Incluso Violet Bick, que en nuestros tiempos podría haber estado cubierta de tatuajes y de toda suerte de *piercings* por todo el cuerpo, parece llevarse bien con el director de avanzada edad, el señor Partridge, quien podría ser su abuelo. Cuando este le da una palmadita en el hombro para sugerirle que ella y su pareja pueden seguir en el certamen de charlestón, también parece reñirla con desenfado señalando lo que considera una falda demasiado corta. Pero ella le responde con un risueño abrazo. (Hoy podría presentarle una demanda o lanzarle huevos al coche.) ¡Qué demonios!, cuando se abre el suelo del gimnasio y los chicos empiezan a chapotear en la piscina, hasta el señor Partridge acaba entregándose al espíritu de diversión y se tira al agua.

En la escena de la inauguración de la casa de los Martini, George refleja el respeto de su padre por la infancia y la juventud. ¿Podemos imaginarnos acaso a Potter, incluso si pudiera caminar, ayudando a meter a los hijos y la cabra de los Martini en el asiento trasero de un coche?

La clave está en que la película rezuma un mensaje colectivo de que los niños son importantes y a los adultos les corresponde guiarlos, animarlos y celebrarlos. Cualquiera que sea la comunidad en la que vivamos, esto sigue teniendo la misma importancia en la actualidad que la que tenía entonces en Bedford Falls.

23. Las vidas discretas pueden causar mayor impacto

¿Sabes una cosa, George? Creo que, de una forma modesta, estamos haciendo algo importante. Satisfaciendo una necesidad fundamental. Es una aspiración arraigada en el hombre tener su propio techo, sus paredes y su chimenea, y nosotros los ayudamos a conseguir esas cosas en nuestra «pequeña y destartalada oficina».

PETER BAILEY

George tiene grandes aspiraciones. ¿Y qué hay de malo en ello en realidad? La ambición, cuando se concentra en las cosas adecuadas, es algo bueno, ¿verdad? El mundo necesita visionarios, soñadores que se imaginen creando algo a partir de la nada, haciendo más con menos, cambiando las cosas para mejor. (Dios tiene grandes aspiraciones con respecto a nosotros, ¿no es cierto?) Más allá de su deseo de diseñar nuevos edificios y proyectar ciudades modernas, después de todo es George quien le dice a Sam Wainwright que su padre debería instalar su nueva fábrica de plásticos precisamente allí, en Bedford Falls.

Ahora bien, el foco de luz no es necesariamente mejor que las sombras. Las Sagradas Escrituras están llenas de personas en la sombra a las que Dios tiene en muy alta consideración, desde un muchacho pastor, David, hasta una viuda que lo da todo con un solo óbolo. Asimismo, *¡Qué bello es vivir!* hace un alegato silencioso en pro de los pequeños, de las personas que permanecen entre bastidores y que hacen del mundo un lugar mejor sin fanfarria ni trompetas. En la escena de la cena en casa de los Bailey antes del baile, Peter Bailey sugiere algo semejante al plantearle a George la posibilidad de hacerse cargo de la empresa familiar. Huelga decir que la idea es rechazada de plano por George, quien replica mordazmente que se volvería loco si trabajase en esa «pequeña y destartalada oficina», en ese «negocio de poca monta...». Él quiere «acometer algo grande e importante».

Peter Bailey responde con lo que, fiel a la idea que está defendiendo, es una de esas discretas, pero incisivas, pepitas de sabiduría que la película nos brinda: «¿Sabes una cosa, George? Creo que, de una forma modesta, estamos haciendo algo importante. Satisfaciendo una necesidad fundamental. Es una aspiración arraigada en el hombre tener su propio techo, sus paredes y su chimenea, y nosotros los ayudamos a conseguir esas cosas en nuestra "pequeña y destartalada oficina"».

En otras palabras, el bien que traigamos al mundo, a la comunidad, a nuestras familias, no tiene por qué ser necesariamente grande ni deslumbrante. Puede ser pequeño y discreto, lo cual no le resta ni un ápice de importancia.

Pensemos en los profesores. Casi nunca reciben elogios. Actúan en general fuera de la atención pública. La mayor parte de ellos rara vez aparece en los titulares. Pero, de una manera modesta, están llevando a cabo algo realmente importante: están contribuyendo a moldear las vidas de los niños y los jóvenes.

Pensemos en los misioneros. La existencia que muchos de ellos viven haría que una «pequeña y destartalada oficina» pareciera el palacio de un rey. Y, sin embargo, se afanan en la oscuridad para llegar a la gente con el amor de Dios.

Pensemos en las madres y los padres. La crianza es con frecuencia una de esas tareas «de poca monta», el reto cotidiano de ayudar a educar a chicas y chicos que pueden ser inconstantes, que no cesan de cambiar, que anhelan la independencia incluso mientras desean la seguridad del hogar. Pero resulta extraordinario pensar que nosotros, como padres, seremos la mayor influencia en quienes llegarán a ser.

Finalmente, pensemos en las personas que realizan trabajos que podrían no parecer particularmente relevantes, de la misma manera que George no creía que el trabajo de su padre fuese especialmente significativo. Tal vez una de las claves para hallar satisfacción en nuestras vidas sea la perspectiva, observar el mundo con unas gafas orientadas a las personas, como las de Peter Bailey, quien, pese a sus continuas peleas con Potter, se enorgullecía de lo que él y su pequeña empresa hacían por la buena gente de Bedford Falls. Que era un hombre de sustancia, no de estilo. Que comprendía que las vidas discretas pueden causar un gran impacto.

24. Ningún hombre es una isla

Podemos superar este trance, pero tenemos que permanecer unidos. Hemos de tener fe los unos en los otros.

GEORGE BAILEY

En la escena del asedio bancario, George intenta aplacar la histeria alentando a que no cunda el pánico; dejarse llevar por el pánico conllevaría hacerle el juego al viejo Potter, dice. Pero sugiere asimismo que su supervivencia depende de algo más: de comprender que han de actuar todos juntos. Que, esencialmente, el todo es más fuerte que el individuo. Que se necesitan unos a otros.

La metáfora que emplea para ahondar en esta idea es el dinero. Cuando la gente exige retirar sus fondos, George señala que el dinero no está guardado en una caja fuerte. «El dinero no está aquí. Vuestro dinero está en la casa de Joe..., al lado de la vuestra. Y en la casa de los Kennedy, y en la casa de la señora Macklin, y en otros cientos... ¿Qué vais a hacer entonces? —pregunta—. ¿Ejecutar la hipoteca [de vuestros vecinos para recuperar lo que os pertenece]?»

Ya se trate de una iglesia, una comunidad, una familia, una empresa, una unidad militar o lo que sea, la fuerza del grupo depende siempre de su comprensión del compromiso mutuo entre sus integrantes. Su comprensión de que el individuo se fortalece mediante su dependencia del grupo. Su comprensión de que, a la postre, ningún hombre es una isla.

Yo tuve el privilegio de escribir un libro sobre uno de los «hermanos de sangre» de la Segunda Guerra Mundial. Don Malarkey formaba parte de la Compañía Easy de la 101.ª División Aerotransportada, cuya historia se cuenta en un libro de Stephen Ambrose (*Hermanos de sangre*) y en la serie homónima de HBO de diez episodios producida por Steven Spielberg y Tom Hanks.

Recuerdo que Malarkey me habló de las secuelas de la batalla de las Ardenas, librada en el terrible frío y la nieve de Bastoña, en Bélgica. A dos compañeros les volaron las piernas. Malarkey me confesó que, sentado alrededor de una fogata con un puñado de hombres, estaba tan bajo de moral que se planteó la posibilidad de meterse una bala en el pie para no serle de ninguna utilidad a la unidad y ser enviado de regreso a Inglaterra. Reconocía que no había sido una idea especialmente noble, pero, en momentos de desesperación, los hombres tienen a veces pensamientos innobles.

«Sé que no te disparaste, Don —le dije—. ¿Por qué no lo hiciste?»

Porque, como me dijo explícitamente, se dio cuenta de que era necesario para los demás. La mayoría de los jefes de la unidad estaban muertos o heridos. Si él también se hubiese marchado, habría sido mejor para él, pero peor para el conjunto.

Es el mismo mensaje que George está intentando que capten los clientes de la compañía de empréstitos: que su supervivencia depende de los individuos que se sacrifican por el bien del grupo. Sin lugar a dudas, la retirada de su dinero —lo poco que quedaba— los habría beneficiado a título individual, pero habría perjudicado a la totalidad.

La clave para la supervivencia radicaba en confiar en el poder del grupo, sugería. «Podemos superar este trance —dice—, pero tenemos que permanecer unidos. Hemos de tener fe los unos en los otros.»

Las iglesias harían bien en escuchar el mensaje; ¿cuántas se han dividido en facciones egoístas porque sus miembros subestimaron la importancia de la unidad?

Las familias harían bien en escuchar el mensaje; ¿cuántas se han destrozado porque los padres o los hijos pensaban solo en sí mismos, no en el grupo?

Cualquier organización haría bien en escuchar el mensaje; ¿cuántas empresas y organizaciones no lucrativas otrora orgullosas se descompusieron internamente, devoradas por el insidioso virus de la codicia, en vez de florecer gracias a aquellos que comprendían que el auténtico poder de la unidad residía en su voluntad de mantenerse unidos y tener fe los unos en los otros?

«Vivid en paz unos con otros —escribió San Pablo—. Os exhortamos asimismo, hermanos, a que amonestéis a los que viven desconcertados, animéis a los pusilánimes, sostengáis a los débiles y seáis pacientes con todos» (1 Tesalonicenses 5, 13-14).

En otras palabras, aprended a llevaros bien unos con otros con el fin de que todos podáis florecer.

25. El mayor regalo de Dios es la vida

Esta noche, exactamente a las diez cuarenta y cinco, hora de la tierra, ese hombre estará pensando seriamente en echar a perder el mayor regalo de Dios.

VOZ DE FRANKLIN

¡Santo cielo, su vida!

VOZ DE CLARENCE

¡Qué bello es vivir! es, como el propio título sugiere, una historia de afirmación de la vida. En su esencia es una historia sobre lo valiosa que es la vida y sobre cómo lo que saquemos de ella dependerá de cuánto la apreciemos. Cómo vivamos la vida. Qué demos a cambio a nuestra vida.

Ni que decir tiene que la ironía radica en el hecho de que la persona que parece vivir mejor la vida es también la que está en ese puente bajo la nieve en Nochebuena, pensando en tirar su vida por la borda. Y solo cuando Clarence le arrebata en efecto su vida de manera temporal, George lo comprende todo. Así pues, proclama: «Quiero volver a vivir. Quiero volver a vivir. Por favor, Dios mío, déjame volver a vivir».

El mensaje es este: para vivir la vida como es debido, lo primero es el aprecio de lo que tenemos. La comprensión de lo valiosa que es la vida. La actitud de vivir la vida en su plenitud. Eso es lo que debemos hacer. «Yo he venido para que tengan vida y la tengan en abundancia», dice Jesús en Juan 10, 10.

¿Y de qué depende esa plenitud de la vida? Curiosamente, las Sagradas Escrituras sugieren que de entregarla. «Por eso me ama el Padre —dice Jesús—, porque doy mi vida para recobrarla de nuevo» (Juan 10, 17). Al dar es cuando recibimos. Es mediante el sacrificio como realizamos nuestra vida en su plenitud. «Nadie tiene mayor amor que el que da su vida por sus amigos» (Juan 15, 13). Al alzar a otros, descubrimos nuestra propia esencia.

¿No es esta acaso la manera en que ha vivido George Bailey toda su vida? En la primera escena, entrega su vida por su hermano arriesgándose a morir para salvar a Harry. Y, de formas menos dramáticas, pero no menos profundas, continúa haciendo lo mismo el resto de la película, ya sea entregando sus ahorros para su luna de miel con Mary para que la gente no deserte y se eche en brazos de Potter durante el pánico bancario, ya renunciando a sus sueños para que Harry pueda ir a la universidad, ya dando dinero de su propia cartera para que Violet Bick pueda comenzar una nueva vida en Nueva York.

Pero la película sugiere que «realizar buenas obras» carece de sentido si no comprendemos la importancia de esas buenas acciones en el contexto de la plenitud de la vida. ¿No es esa la razón por la que George está pensando en suicidarse? Pese a haber vivido su vida para los demás, no reconoce el valor de su propia vida, no comprende que esta es el mayor regalo de Dios y que, al vivirla para los otros, ha experimentado una vida bien vivida.

En muchos sentidos, el modelo de vida de George Bailey es su padre. En la escena del pánico bancario, cuando George está intentando apaciguar al gentío que ha acudido para retirar su dinero, mira a la pared y ve la cita de aquel hombre: «Todo cuanto puedas llevarte contigo será aquello que hayas dado». Y ciertamente George parece vivir su vida con ese mismo espíritu. Pero la escena de Nochebuena sugiere que George ha estado viviendo con la cabeza, no con el corazón, y, de ese modo, no ha captado la esencia afirmadora de la vida en las palabras de su padre.

Es como si se hubiera convertido en el feligrés que deposita su dinero en la bandeja cada semana, pero sin poner en ello su corazón; la persona que hace siempre lo correcto, pero olvida que Dios quiere que nuestras actitudes acompañen nuestras acciones: «Dios ama al que da con alegría» (2 Corintios 9, 7). No es que George haya llegado a sentirse excesivamente orgulloso de lo que da, como algunos fariseos, ni que desee dar para que se sepa que lo ha hecho. Es que ha perdido el *propósito* de su entrega, que Clarence le ayuda a encontrar: la comprensión de que no solo debe limitarse a dar, sino que ha de vivir la vida en toda su profundidad. En su plenitud. De la forma más significativa.

Cuando Clarence le recuerda esto, él encuentra un sentido de propósito más profundo. Cuando corre por las calles de Bedford Falls deseando «feliz Navidad» a los desconocidos, cuando abraza a sus hijos, cuando inunda de besos a Mary, es como si no estuviera simplemente haciendo buenas obras; George Bailey está viviendo por fin la vida en su plenitud.

26. El mayor regalo que puedes hacer es la gracia

¿Y tú, Ed, recuerdas el año pasado cuando las cosas no te iban muy bien y no podías hacer frente a tus pagos? No perdiste tu casa, ¿verdad? ¿Crees que Potter te habría permitido conservarla?

GEORGE BAILEY

La gracia, el favor inmerecido, es un distintivo de los Bailey. Pensemos en todas las ocasiones en que George o su padre conceden la gracia a otras personas. El jefe farmacéutico de George lo abofetea tan fuerte que su oído enfermo empieza a sangrar. ¡Dios mío! Si no un cargo por agresión, cabe esperar una demanda, pero George comprende la ira del hombre: «Usted ha recibido ese telegrama». Los clientes de la compañía de empréstitos de Peter Bailey le deben dinero, y Potter quiere que ejecute sus hipotecas, pero Peter ignora su deuda.

George sigue los pasos de su padre a este respecto. En su intento de hacer entender a la gente que está más segura manteniendo su dinero en la Compañía de Empréstitos Bailey que cobrando cincuenta centavos por dólar en el banco, George sugiere que una razón para hacerlo es que los Bailey creen en la gracia y Potter no: «¿Y tú, Ed, recuerdas el año pasado cuando las cosas no te iban muy bien y no podías hacer frente a tus pagos? No perdiste tu casa, ¿verdad? ¿Crees que Potter te habría permitido conservarla?». Por sistema, los Bailey hacen cosas por los demás que no tienen por qué hacer: les conceden favores que legalmente no están obligados a conceder.

¿Y qué decir de la gracia en lo que atañe al tío Billy y los ocho mil dólares que ha perdido ante Potter? De acuerdo, su sobrino se enfurece cuando el viejo tonto no encuentra la pasta, pero, cuando George deja a su familia en Nochebuena y acude a pedirle un préstamo a Potter, miente para protegerlo. «He extraviado ocho mil dólares —le dice a Potter—. No los encuentro por ninguna parte.» George asume la responsabilidad del dinero perdido y, al hacerlo, exime de culpa al tío Billy.

La gracia es el fundamento de la fe cristiana. La gracia que nos otorga Jesús al perdonar nuestros pecados contrasta con casi todas las demás religiones, que actúan sobre la base de que cada uno recibe su merecido. Pero Jesús dice, en esencia, que no recibimos lo que merecemos. Recibimos lo que *no* merecemos. Somos redimibles incluso si la hemos pifiado.

Con el telón de fondo de ese asombroso amor, la mayor vergüenza de la fe cristiana son los creyentes que, habiéndoseles concedido esa gracia, tratan en cambio a otros sin gracia. Sin ninguna piedad. El paradigma de semejante comportamiento se describe en Mateo 18. Un rey quiere arreglar cuentas con sus siervos. Presentan ante su señor a un hombre que le debe diez mil talentos, aproximadamente un millón de dólares. Como el siervo no puede pagar, el señor ordena que él, su mujer y sus hijos sean vendidos para pagar la deuda.

«Ten paciencia conmigo —le implora el siervo—, que todo te lo pagaré.»

El señor se apiada de él, cancela la deuda y lo deja en libertad.

¿Cuál es la respuesta de este? «Al salir de allí, aquel siervo se encontró con uno de su compañeros, que le debía cien denarios [un denario era la paga de un día, de modo que cien días de salario]; lo agarró y, ahogándolo, le decía: "¡Paga lo que debes!"» (v. 28).

Sería como si George le dijese a su tío Billy: «Mira, colega, ese dinero se ha perdido bajo *tu* custodia, así que estás despedido y tienes que devolver hasta el último centavo. Enseguida». El tío Billy pide misericordia y George, deshaciéndose de su fachada potteresca, le dice: «¡Diantre, olvídalo! Eres de la familia». Entonces el tío Billy se acerca al bar de Martini, se descubre sentado al lado del propietario de una casa de Bailey Park que debe tres meses de hipoteca y lo sujeta contra la máquina de discos. «Ya estás pagando lo que debes, amigo —le dice—, o te enviamos a Nick para que te convenza.»

La gracia explota unas veces ante nosotros tan magníficamente como unos fuegos artificiales y otras veces llega tan dulcemente como una brisa de verano. En la película, no solo la vemos en la paciencia de los Bailey con los clientes sacudidos por la Gran Depresión, no solo en un George que carga con la culpa de la metedura de pata de su tío Billy, sino también en formas más discretas, especialmente al final.

En esa última escena, el *sheriff* hace pedazos la orden de arresto contra George. (Al margen de la ilegalidad de la orden, que ha sido obra de Potter. Un funcionario judicial tiene la facultad de dictar una orden de detención, pero no un ciudadano ordinario. ¡En fin!) Eso es la gracia.

El inspector bancario —que recordemos que, a esas alturas, no sabe por qué les faltan a los Bailey ocho mil dólares— se suma a la celebración y hace una donación para la causa de George, incluso entona con los demás la canción «Hark! The Herald Angels Sing» («¡Oíd! Los ángeles mensajeros cantan»). Eso es la gracia.

¡Qué demonios!, hasta el señor Welch, que estaba lo bastante furioso con George como para darle un puñetazo en el bar de Martini por haber insultado a su mujer por teléfono, aparece en el salón de los Bailey, siendo su mera presencia una señal de que le está dando un respiro a George. (Lo vemos justo encima del hombro derecho de Ernie mientras el taxista está leyendo el telegrama de Sam Wainwright.) Eso es la gracia.

Y he aquí un toque final de gracia que podría pasar desapercibido fácilmente: el de Mary. Recordemos el contexto. Independientemente de lo que estuviera atormentando a George, este había arruinado la fiesta de Nochebuena para toda la familia Bailey. Había gritado a los niños, había contestado con brusquedad a Mary, la había avergonzado con su bronca telefónica a la maestra de Zuzu y al marido de esta, e incluso había puesto la casa patas arriba. Si alguien tenía motivos para no darle un respiro a su marido, era Mary Bailey en Nochebuena.

Pero, en las profundidades de su desesperación —recordemos que prácticamente invita a George a que se largue—, ¿qué es lo que hace en lugar de llevarse a los niños a casa de su madre, solicitar el divorcio y prender fuego a los sueños de madera de balsa de su marido? Reza. Empieza a hacer llamadas telefónicas para animar a otros a ayudar a George. Y, presumiblemente, al hacerlo, se entera por el tío Billy del dinero desaparecido e improvisa la espontánea recaudación de fondos.

Lo que en realidad hace —el paraguas que cubre esta bondad— es concederle a George algo que este no merece: la gracia. Al hacerlo, nos recuerda a todos nosotros que hay disponible una gracia aún mayor para quienes somos igualmente indignos de ella. Una gracia tan increíble que, cuando la recibimos, no osamos deshonrarla con nuestra negativa a hacer lo mismo por los otros.

27. Hay mucho que decir a favor de los compromisos a largo plazo

George Bailey, te amaré hasta el día que
me muera.

MARY BAILEY DE NIÑA EN LA TIENDA DE
HELADOS Y REFRESCOS

Vivimos en un mundo en el que el compromiso, el compromiso a largo plazo, se ha convertido en una suerte de reproductor de casetes de ocho pistas de los valores personales. Ha quedado obsoleto. Como colibríes, algunos de nosotros revoloteamos de empleo en empleo, de relación en relación, de lugar en lugar; en ciertos casos, de un sistema de valores a otro.

¿Has estado alguna vez en un rastrillo y has visto la gama de aparatos para hacer ejercicio desechados? Te sientes como un arqueólogo, examinando los restos de diferentes eras de entrenamiento: la era de la Cama Elástica, la era de los Aparatos Bowflex o la era de StairMaster. Al cabo de un rato, comprendes que el problema no era el equipo, sino la persona que lo compró y al parecer renunció a su compromiso de utilizarlo.

Mary Hatch no es así. En *¡Qué bello es vivir!*, ella es una tortuga entre las liebres. (Cómo inició siquiera un romance a larga distancia con Sam Wainwright es algo que se me escapa, habida cuenta de que él era lo opuesto, desbocado por la vida con una bolsa de dinero en una mano y una mujer del otro brazo.) Comprendemos esto en la segunda escena de la película, cuando Mary y Violet Bick están siendo atendidas por un joven George en la tienda de helados y refrescos.

«George Bailey —susurra Mary en su oído enfermo—, te amaré hasta el día que me muera.»

En otras palabras, «Me he comprometido a una operación a largo plazo. No necesito pasarme la vida yendo de flor en flor. Estoy satisfecha con sentar cabeza con el hombre adecuado, incluso si lo primero que me llama es "estúpida"». Espera más de una década hasta que George despierta al fin y se da cuenta de que ella es también la mujer de su vida.

La misma actitud muestra Mary respecto de la casa de los Granville. Le encantó ese viejo lugar deteriorado por la intemperie desde el momento en que puso sus ojos en él, a pesar de que George pensaba que no era apto ni para un fantasma. Tal era su compromiso con ese caserón que estaba dispuesta a esperar la oportunidad de vivir en él. Fue en 1929 cuando George y ella le lanzaron piedras pidiendo deseos, de regreso a casa tras el baile. George y Mary se casan en junio de 1932, de manera que ella espera al menos tres años para conseguir la casa de sus sueños.

Hoy en día, la tecnología cada vez más veloz ha tornado casi obsoleta la idea de la espera. Lo queremos todo y no queremos esperar para tenerlo. Tal vez hayas escuchado la

Oración del Impaciente: «Señor, dame paciencia, ¡y la quiero ahora mismo!». O quizás hayas visto la viñeta de la mujer que recorre el pasillo de alimentos para microondas de la tienda de comestibles. «No —dice—, esta noche no tengo tiempo de cocinar.» Hemos perdido el concepto del compromiso a largo plazo.

Pensemos en la generación de la Segunda Guerra Mundial. Esa gente comprendía el compromiso a largo plazo. No era infrecuente que los recién casados pasasen años sin verse, mientras el marido luchaba en el extranjero. Y es cierto que no todos cumplían sus compromisos. Pero la mayoría sí. La mayoría esperaba. ¿Por qué? Porque comprendían el valor de la espera.

Nuestra disposición a esperar por algo indica, a la hora de la verdad, cuánto valoramos ese algo. Yo conocí a una joven solo unas semanas antes de irme a estudiar a la universidad. Y tuvimos que tomar una decisión: ¿nos lo planteamos como una relación a largo plazo? La respuesta más fácil habría sido que no. Nos habríamos ahorrado muchos viajes, muchas cartas, muchas semanas de altibajos llenas de frustración y de lágrimas. Pero escogimos el sí. Esos tres años no fueron nada fáciles, pero el dolor a corto plazo se tradujo a la larga en un beneficio: treinta y seis años de matrimonio, dos hijos, cuatro nietos y miles de cartas manoseadas de las que no nos atrevemos a deshacernos.

¿Por qué? Porque fue la lucha, referida con tanta frecuencia en esas cartas, la que fortaleció nuestra relación. La que nos enseñó paciencia y perseverancia. La que forjó nuestro carácter. Y todo esto no se cultiva si no estás dispuesto a asumir compromisos a largo plazo.

Uno se imagina que, si se hubiera hecho una secuela de la película —*¡Qué bello es vivir! II*, pongamos por caso—, George y Mary continuarían viviendo en la casa de los Granville, y probablemente sus nietos usarían el poste de la escalera para jugar al fútbol en el salón.

Pero se habrían sentido satisfechos, conscientes del valor de no andar revoloteando de una cosa a otra, sino aferrándose a aquello que funciona.

28. Obras son amores, y no buenas razones

Mi oficina ha dado instrucciones para adelantarte hasta veinticinco mil dólares.

TELEGRAMA DE SAM WAINWRIGHT

En una película en cuyas secuencias finales no deja de crecernos un nudo en la garganta, este es uno de los momentos más conmovedores: los amigos y familiares de George se han congregado en Nochebuena en el salón de los Bailey para entregarle un montón de dinero y recordarle el profundo amor que le profesan.

El jolgorio crece por momentos. Mientras la gente se acerca a arrojar dinero a los pies de George, Ernie el taxista acalla a la multitud. «Un momento, silencio todo el mundo. Silencio, silencio. Esto llega de Londres: "El señor Gower telegrafía que necesitas dinero. *Stop*. Mi oficina ha dado instrucciones para adelantarte hasta veinticinco mil dólares. *Stop*. Hiaaa y feliz Navidad. Sam Wainwright».

George, que sostiene a Zuzu, inclina la cabeza en señal de —¿qué?— gratitud, incredulidad, humilde agradecimiento, llámalo como quieras. No es un gesto menor. Después de todo, ocho mil dólares —la cantidad que le falta a la compañía de empréstitos— es mucho dinero. Bien es verdad que, entre el montón de dinero que el primo Eustace se afana en calcular en la máquina sumadora, hay un par de billetes de cien dólares y uno de mil. Pero si, como parece, hay unas tres docenas de personas que se presentan con sus donaciones, la media es de doscientos veintidós dólares por persona, que no es precisamente calderilla.

Pero el donativo de veinticinco mil dólares de Sam —aun cuando la palabra «adelantar» sugiere que se trata de un préstamo y no de un regalo— se eleva sobre todos los demás por un par de razones. En primer lugar, la cantidad. Es más del triple de lo perdido en la Compañía de Empréstitos Bailey. Le asegura a George que se enderezará el rumbo financiero de la compañía. Y, lo que es más importante, viene de una persona que —si bien sigue siendo de corazón un hombre de Bedford Falls y no un matón de Pottersville—, vive a años luz de las rutinas de la pequeña ciudad de la que se ha marchado.

Recordemos que se trata de Sam Wainwright, un hombre que telefoneó a Mary desde una oficina de Nueva York mientras una mujer con una estola de visón blanco lo provocaba desde detrás. Un hombre que, aunque aún no ha cumplido los treinta, tiene su propio chófer y puede permitirse una escapada a Florida de vacaciones por puro capricho. Y no olvidemos que, en su momento, había sido un pretendiente de la mujer con la que se casó George. Aunque Sam parezca andar rebuznando por ahí con otras mujeres, podemos suponer que su llamada de teléfono a Mary aquella noche obedecía a razones que iban más allá de una oportunidad de inversión relacionada con la soja. Y poco antes de eso, en la escena fuera de la fiesta de Harry y Ruth, George le dice a su madre que no piensa andar detrás de Mary porque Sam Wainwright tiene el ojo puesto en ella.

Aunque evidentemente es un tipo de buen corazón, Sam es, al menos en términos materialistas, el anti-George. Él es Nueva York; George es Bedford Falls. Él es de primera categoría; George es de poca monta. Él es rico; George vive en un caserón en ruinas restaurado y no conduce un coche tan bonito como el de sus vecinos los Brown. Pero lo interesante es que, aunque Sam podría haber abandonado a su suerte a George junto con el resto de Bedford Falls, siente demasiado respeto por su amigo como para hacer tal cosa.

Aunque va de camino a Florida, saca tiempo para dejarse caer para saludar a George y a Mary tras la inauguración de la casa de los Martini. Confía en el criterio de George y sigue la sugerencia de su amigo de establecer la nueva fábrica de su padre en Bedford Falls. Podemos inferir que, aun cuando Sam vive una vida harto diferente a la de George —aunque lo describa como «George el viejo carca», un tipo que nunca ha llegado muy lejos ni ha hecho nada grande—, siente no obstante un profundo respeto hacia ese hombre. Cabe preguntarse si, con todo su refinado estilo de vida, Sam admira en secreto los firmes valores de George y quizás incluso piense a veces: *Ojalá me pareciese más a George.*

¿Cómo explicarnos si no que le ofrezca a George una suma de dinero tan elevada cuando el señor Gower le telegrafía para informarlo de los problemas del «carca»? Aun cuando Sam nunca se beneficiara directamente de la generosidad de George, esa generosidad parece haberlo inspirado para ayudar a su compañero cuando este se halla en un apuro. Aun cuando no participe del ritmo cotidiano de Bedford Falls, Sam se percata de que George es de hecho el alma de la comunidad, y lo honra por ello mediante su regalo.

La conclusión: la gente nos está observando. La gente repara en nosotros. Podemos inspirar a las personas aunque estas no sean las beneficiarias directas de nuestra bondad. Si lo pensamos, aquellos que se acercan a George para hacer entrega de sus donativos financieros en esa escena final están cortados por dos patrones. Unos se han beneficiado de hecho directamente de la bondad de George. «Yo no tendría un techo sobre mi cabeza de no ser por ti, George», le dice un hombre. Podemos suponer que el señor Gower contribuye en parte porque, de muchacho, George lo salvó de envenenar accidentalmente a un niño; el señor Martini porque, gracias a George, ya no viven «como cerdos en este Campo de Potter». También Violet Bick le devuelve a George algo de la bondad que había recibido de él.

Pero los demás —el señor Partridge, el director de la escuela; Annie, la sirvienta de los Bailey; el *sheriff*; y, muy especialmente, Sam Wainwright, presente en espíritu—

dan porque han visto a George en acción y simplemente desean honrar su ejemplo.

¿Por qué? Porque, en efecto, obras son amores, y no buenas razones.

29. Busca lo mejor en las personas

Aquí tienes, estás sin blanca, ¿verdad?

GEORGE, MIENTRAS BUSCA DINERO EN SU BOLSILLO PARA DÁRSELO A VIOLET BICK

Violet Bick es la chica mala de Bedford Falls. Al buscar a la persona adecuada para interpretar el papel en la película, el director Frank Capra le dijo a Jimmy Stewart, que interpreta a George: «¡Tiene que ser seductora! También debe ser hermosa, porque competirá con Donna Reed por tu amor. Pero no puede ser una sirena de la gran ciudad. Ha de tener una cierta bondad provinciana». Capra recordaba que Stewart le había respondido: «Ya veo. Es una buena chica, pero dispuesta a ser mala con el chico adecuado».

¿Es una prostituta? Capra deja ese extremo a nuestra imaginación en los segmentos de la película que tratan de la vida con George, si bien multiplica las posibilidades en el segmento de la vida sin George. Hemos de recordar que esta película se rodó en 1946, cuando el Código de Producción de la Asociación Cinematográfica de Estados Unidos era célebre por lo que hoy se nos antojarían unas restricciones extrañas. Palabras tales como *jerk* («gilipollas»), *impotent* («impotente»), *dang* («maldición») y *lousy* («asqueroso») tenían que omitirse. Entre esas restricciones, la escena en la que George se pasea por el centro tras marcharse de la fiesta de Harry y Ruth y se tropieza con «Vi» plantea interrogantes. En el guion se supone que está cerrando el «Salón de Belleza de Violet Bick»,[1] si bien no fue así como se rodó.

En lugar de ello, está vestida para una noche en la ciudad y está siendo «cortejada» por dos tipos elegantes que no parecen estar pensando en ir a la biblioteca. Violet ve a George. «Creo que tengo una cita. Pero quedaos por aquí por si acaso, chicos, ¿vale?»

«Te esperaremos, nena», dice uno de los jóvenes.

Es una escena breve, pero podemos interpretarla de varias formas: 1) si Violet piensa de repente que tiene una cita, entonces parece que *no* era precisamente eso lo que la chica se traía entre manos con esos individuos. En ese caso, *¿cuál* era exactamente su relación con ellos? Mmm. 2) La relación entre esos tipos y Violet tiene un punto de «asunto serio». Y 3) tenga lo que tenga con esos hombres, está más que dispuesta a renunciar a ello por George, y su insinuación sugiere que ha dejado muy atrás su inocencia de la tienda de helados y refrescos.

Cuando George le dice que puede que se dé un paseo hasta la biblioteca, ella le pregunta: «George, ¿nunca te cansas de leer cosas?» (Dice el guion: «Sus ojos son seductores y astutos mientras levanta la mirada hacia él».)[2]

Aceptémoslo: George está en una encrucijada. He aquí un momento en el que puede que Vi sea una «buena chica», pero está «dispuesta a ser mala con el chico adecuado». Él es perfectamente consciente de la belleza y el magnetismo de Vi; recordemos esa escena en la que ella camina por la calle y él dice: «¡Vaya, estás muy elegante con ese vestido!». Y, emocionalmente, podría resultarle estimulante; está pasando por uno de los peores momentos de su vida; acaba de marcharse de una fiesta en la que su hermano está siendo festejado por su reciente matrimonio, que promete frustrar una vez más cualquier esperanza que tenga George de vivir sus sueños.

Pero ¿qué es lo que hace? Con aparente seriedad, cuenta una extraña historia en la que habla de llevar a Vi al auténtico Bedford Falls, a nadar y a subir caminando hasta la cumbre del monte Bedford, apagando así el deseo de Vi por completo. (¿Soy yo el único al que le parece extraño que no haya nadie alrededor de la pareja cuando él empieza con su disparatada sugerencia y, treinta segundos después, los rodee una docena de personas, como si hubieran sido teletransportadas desde otro planeta?). En otras palabras, sabotea deliberadamente su oportunidad de pasar una noche con una mujer que lleva años interesada en él.

¿Por qué? En primer lugar, podemos conjeturar, porque posee un repertorio de principios morales elevados para sí mismo. Pero, más sutilmente, porque también tiene un repertorio de estándares morales elevados para los demás. En esencia, siente demasiado respeto por Violet Bick como para aprovecharse de ella. Si esto suena extraño, que así sea, pero uno de los atributos de George es que, con raras excepciones (Potter nos viene a la mente), busca lo bueno en los demás.

Si buscamos una analogía bíblica, Violet Bick podría ser la mujer del pozo en Juan 4, una mujer venerada por los hombres por su sexualidad, pero despreciada por el resto de la gente debido a su falta de pureza. Pero Jesús ve más allá de la etiqueta de la mujer, penetrando en su alma hasta acceder a lo más importante, a sus necesidades más profundas.

Análogamente, George no encaja en ninguna de ambas categorías, pues no persigue a Violet, pero tampoco la trata con desdén. En Nochebuena, unos trece años después, no solo le presta dinero de la compañía de empréstitos, sino que también hurga en su propio bolsillo para ayudarla a marcharse cuando se está preparando para mudarse a Nueva York. No la sermonea diciéndole que ya es hora de que haga algo en la vida ni la hace sentirse culpable por dejar Bedford Falls. ¿Por qué? Porque, en el fondo, cree en ella y la respeta.

Y más adelante se nos recuerda que ese respeto marcó una diferencia en Violet Bick. En la secuencia de la vida sin George, Violet aparece en el centro de la ciudad, forcejeando para que no la introduzcan en un coche celular nada menos que cuatro policías. (El guion la describe como una «fulana» o prostituta.)[3] Aunque cuesta escucharla, lo que dice es: «¡Ese marinero es un mentiroso! ¡Conozco a todos los peces gordos de esta ciudad! ¡Conozco a Potter y haré que os echen!...».

¿Cómo es que conoce a esos «peces gordos»? ¿Cómo es que conoce a Potter? Resulta bastante obvio que, sin George, Bedford Falls se ha convertido en un lugar más mezquino y más inhóspito, en el que la gente no busca necesariamente lo mejor en los demás. Y Violet Bick ya no es solo una coqueta.

Pero, con George en el mundo, las cosas son diferentes. Violet está más serena. Más centrada. Y, después de la muestra de generosidad de George en la compañía de empréstitos, posteriormente decide no trasladarse a Nueva York. En Nochebuena, con todo el mundo reunido en el salón de los Bailey, le devuelve el dinero que él le había dado, diciéndole que ha cambiado de opinión.

¿Por qué? Hemos de preguntarnos si George, como una suerte de icono provinciano, le recuerda las buenas personas que dejaría atrás; le hace tener en cierto sentido los pies en la tierra; le enseña, al quedarse él mismo en la ciudad, que la hierba no siempre está más verde al otro lado. Y el respeto que siente hacia él surgió del respeto que este le profesaba, de su disposición a ver lo mejor en ella.

30. La venganza no es cosa nuestra, dice el Señor

¿Qué te ocurre, Otelo?, ¿estás celoso? ¿Sabías que hay una piscina debajo de esta pista? ¿Y sabías que el botón que tienes detrás hace que se abra el suelo? ¿Y sabías que George Bailey está bailando justamente donde se abre? ¿Y que yo tengo la llave?

MICKEY A FREDDIE, EN EL BAILE DEL INSTITUTO, DESPUÉS DE QUE GEORGE INTERRUMPA EL BAILE DE ESTE ÚLTIMO CON MARY

En los años posteriores al estreno de la película, el director Frank Capra recibió una cantidad cada vez mayor de correspondencia a propósito de *¡Qué bello es vivir!* hasta su muerte en 1991. El tema número uno: ¿cómo podía el viejo Potter (Lionel Barrymore) quedar impune después de robarle ocho mil dólares al tío Billy?

Se trata de una pregunta legítima. Cuando se rodó la película en la década de 1940, el Código de Producción Cinematográfica estipulaba categóricamente que los delincuentes habían de ser castigados por sus delitos. Michael Willian, abogado y autor de *The Essential It's a Wonderful Life*, pondera cuál podría haber sido exactamente el delito de Potter. «Hurto es la mejor opción —escribe—. Si bien es cierto que Potter no cogió físicamente el dinero del tío Billy, el derecho considera no obstante que los bienes extraviados pertenecen implícitamente a su legítimo propietario, es decir, al tío Billy (o, para ser más precisos, a la compañía de empréstitos). Por consiguiente, cuando una persona encuentra propiedades extraviadas y las retiene pese a saber perfectamente quién es el dueño legítimo, puede darse el delito de hurto.»[1]

Por supuesto, la acusación podría alegar que, si bien Potter no cogió realmente el dinero, el hecho de no devolverlo no solo constituía un robo, sino que casi le costó la vida a un hombre. (Aunque, desde luego, George habría sido renuente a admitir ante un juez o un jurado que casi había intentado suicidarse.)

En un coloquio en 1968, preguntaron a Capra por qué Potter no había pagado precio alguno por sus artimañas. «La verdad es que nos planteamos qué hacer con Lionel Barrymore en el momento del rodaje y cuando estábamos escribiendo el guion —dijo—. ¿Cómo manejar a un tipo como ese? Decidimos dejarlo en paz. Le dejamos seguir con sus asuntos. Era de esa clase de individuos que no iban a cambiar, que no podían cambiar. Así pues, lo dejamos a lo suyo; nuestro interés principal era lo que le sucedía a George Bailey. Ese personaje interpretado por Lionel Barrymore era demasiado malhumorado, demasiado viejo y demasiado feliz con lo que estaba haciendo como para cambiar. Por tanto, lo dejamos tal como era.»

Ninguna consecuencia para el señor Potter. Ni detención, ni juicio ni nada de nada. ¿Es eso justo? Las Sagradas Escrituras sugieren que ese asunto no nos concierne a nosotros. «No toméis la justicia por vuestra cuenta, amigos míos —escribió el apóstol Pablo—, dejad lugar a la cólera de Dios, pues está escrito: "Mía es la venganza; yo daré el pago merecido", dice el Señor... No te dejes vencer por el mal; antes bien, vence al mal con el bien» (Romanos 12, 19-21).

¿Y no es ese acaso el mensaje que rezuma finalmente del salón de los Bailey esa Nochebuena? Dios *ha* vencido al mal. La redención de George yace en la bondad que le ha sido devuelta a resultas de su bondad para con los demás. Y Potter, mientras tanto, queda sumido en una soledad nacida de sus deseos egoístas.

A fin de cuentas, quizás el final haga justicia después de todo, aunque podemos confiar en que, en una secuela, Potter, al igual que Scrooge, el protagonista del *Cuento de Navidad*, de Charles Dickens, vería la luz.

31. Nadie es perfecto..., lo cual nos conduce a la gracia

Harry Bailey, 1911-1919

LA INEXACTA DURACIÓN DE LA VIDA DE HARRY BAILEY, EN SU LÁPIDA, EN EL MUNDO SIN GEORGE DE CLARENCE

Hemos de fijarnos bien y reflexionar unos instantes, pero una de las meteduras de pata de la película tiene lugar en la escena del cementerio de la vida sin George. ¿Recuerdas? Clarence lleva a George al cementerio de la ciudad y le muestra la lápida de su hermano, Harry Bailey, quien, sin la presencia de George para salvarlo, se había ahogado en aquel lago congelado «a los nueve años». Ahora bien, si Harry había nacido en 1911, como dice la lápida, no cumpliría nueve años hasta 1920. Y, sin embargo, la inscripción indica que murió en 1919.

Abundan las imperfecciones en la producción de la película y, por supuesto, en el propio largometraje. Según los periódicos, durante el rodaje de la escena en la que un achispado tío Billy se marcha de la fiesta de Harry y Ruth cantando «My Wild Irish Rose» («Mi rosa silvestre irlandesa»), alguien del plató derribó sin querer una pila de accesorios escénicos. Aquello suena como si Billy hubiera tropezado con un par de cubos de basura llenos de botellas.

Sin embargo, el actor Thomas Mitchell, rápido de reflejos, sacó partido de la pifia, diciéndole a George: «Estoy bien, estoy bien». Su improvisación no solo funcionó maravillosamente, sino que el culpable, en lugar de ser reprendido o despedido, recibió de Capra diez dólares de recompensa por «mejorar el sonido y la caracterización». O eso cuenta la historia.

¿Y por qué, en la Nochebuena de 1945, el año en que terminó la Segunda Guerra Mundial, Potter sigue viajando en un carruaje tirado por caballos? Podemos vislumbrarlo cuando Potter entra al banco, justo antes de que el tío Billy le pase involuntariamente los ocho mil dólares. No habíamos visto ese atrezo en una película desde 1919 y, en las décadas posteriores, el país había pasado de los caballos a los coches.

Sí, la película tiene sus defectos. El día de Nochebuena, George entra en la compañía de empréstitos con una guirnalda navideña en el brazo. Al oír que tiene una llamada telefónica de su hermano Harry, lanza la guirnalda a una mesa y coge el teléfono. Un segundo después, vuelve a tener la corona en el brazo. ¡Quién lo hubiera imaginado!

Los personajes de la película también tienen sus defectos. George tiene un temperamento latente y, en menor grado, también Mary. (¿Qué decir de ese disco de «Buffalo Gals» que hace añicos?) El tío Billy se olvida de casi todo lo que intenta recordar. Peter Bailey tiene un gran corazón, pero hasta George admite que no fue «un hombre de negocios». El señor Gower, el farmacéutico, tiene una vena mezquina, especialmente cuando bebe. (Pregúntaselo si no al oído de George.) Y, al parecer, Violet no ha tenido muchas influencias masculinas positivas en su vida.

En resumidas cuentas: nadie es lo suficientemente bueno, ni siquiera las «buenas» personas. Y no hablemos del viejo Potter, un oportunista egoísta, dispuesto a explotar a cualquiera —¡incluidos los niños!— a cambio de un dólar. «Pues todos han pecado y están privados de la gloria de Dios», se dice en Romanos 3, 23. Ahora bien, si ni siquiera las «buenas» personas de la vida son lo bastante buenas, daría la impresión de que, incluso si aspiramos a vivir la vida recta de un George Bailey o una Mary Bailey, todos estamos destinados a vivir vidas culposas en la tierra a causa de nuestros defectos y a morir sin ninguna posibilidad de redención.

Ah, pero aquí es donde entra en escena la gracia de Dios.

Esta comienza con el descubrimiento de que él nos ama de una manera que el mundo desconoce: incondicionalmente. Sin un motivo ulterior. Sin ninguna letra pequeña que diga que nos ama ahora, pero se trata solamente de una tasa especial de lanzamiento que variará a los seis meses en función de los tipos de interés preferencial. Sin ninguna promesa electoral de que nos amará, pero solo si le votamos o si contribuimos a financiar su campaña. Sin ningún acuerdo prematrimonial que diga que nos amará, pero que, por si acaso, firmemos un contrato.

Y termina con la promesa de que la vida eterna aguarda no a aquellos que viven una vida perfecta, rezan no sé cuántas avemarías, nunca faltan a la iglesia o donan equis dinero, sino a aquellos que *creen* en la fe de un niño. «Pues habéis sido salvados por la gracia mediante la fe; y esto no viene de vosotros, sino que es don de Dios» (Efesios 2, 8).

Sin los vientos de la gracia, somos fácilmente motivados por los malos vientos, los vientos del legalismo. Codicia, miedo y culpa. Los vientos de la opinión popular. Cuando somos guiados por los vientos liberadores de la gracia, sin embargo, tenemos más probabilidades de tomar buenas decisiones, no basadas en la culpa, la codicia ni el legalismo, sino en la gratitud. La gratitud por la gracia que Dios nos demostró al sacrificar a su hijo para que «todo el que crea en él no perezca, sino que tenga vida eterna» (Juan 3, 16).

El mundo material del viejo Potter funciona de otra manera. Dice: «Si tu patrimonio neto es tanto, has triunfado. Si utilizas este producto, serás popular. Si vives en este barrio, eres alguien. Si ganas este premio, tu valor queda validado». El mundo material te exige *hacer* algo para ganarte el favor; con frecuencia algo turbio, como en el caso de Potter.

Dios no actúa de esa forma. Su gracia es un don. No hay nada que podamos hacer para que Dios nos ame más. No hay nada que podamos hacer —o haber hecho— para que Dios nos ame menos. Y, cuando aceptamos esto —no solo admitimos con indiferencia que es cierto, sino que lo guardamos en el fondo de nuestro corazón—, nos colma de la misma clase de asombro que embarga a George cuando corre finalmente hacia su casa bajo la nieve esa Nochebuena. Lleno de júbilo, advierte que había estado perdido, pero ahora ha sido hallado.

32. La esencia de la vida son las relaciones

George, soy un hombre viejo y la mayoría de las personas me odian. Pero a mí tampoco me gustan ellas.

EL VIEJO POTTER

Pobre señor Potter. Es como Scrooge sin las escenas del sueño. Dependiendo de la fuente, es un «hombre de mal carácter» (Peter Bailey), una «araña despreciable» (George Bailey) y el «hombre más malvado del condado» (el ángel Joseph, quien lo describe asimismo como el hombre más rico del condado, pero, desde luego, solo en el sentido material del término). Y, a la postre, la tesis central de la película es que la esencia de la vida son las relaciones, no el dinero.

Esta idea no es nada nuevo. En Mateo 22, un fariseo experto en la ley le pregunta a Jesús cuál es el mandamiento mayor. Jesús responde: «"Amarás al Señor, tu Dios, con todo tu corazón, con toda tu alma y con toda tu mente". Este es el mayor y el primer mandamiento. El segundo es semejante a este: "Amarás a tu prójimo como a ti mismo". De estos dos mandamientos dependen toda la ley y los profetas» (vv. 35-40).

En otras palabras, lo más importante en la vida no es tener dinero ni cosas, sino disfrutar de las relaciones con las personas y con Dios. Tal es nuestro propósito. Eso es lo que estamos llamados a hacer. Ese es el motivo de que Potter sea un hombre tan solitario. Porque no acierta a entenderlo. Vive con la misma falta de sentido que un gato persiguiendo su propia cola.

El periódico en el que trabajo pidió recientemente a los lectores que explicasen el sentido de la vida. Las respuestas fueron diversas, pero en su mayoría estaban teñidas con un claro sentido de futilidad. «Hace muchos años, en mi época universitaria, cuando era joven e idealista, tenía toda suerte de pensamientos acerca del sentido de la vida, y aquel era un tema realmente importante para mí —escribió una persona—. Con el transcurso de los años, he decidido que en realidad no existe ningún sentido. Sencillamente estamos aquí.»

Habiendo sobrevivido a los campos de exterminio nazis, Viktor Frankl investigó qué era aquello que permitía a algunas personas preservar su humanidad en circunstancias inhumanas. Descubrió que se trataba de algo que trascendía el intelecto o la psicología. Todo se reducía al *sentido*: la capacidad de hallar un propósito en lo que hacemos, por insignificante que pudiera parecer la tarea.

«Ser humano —escribió— significa relacionarse con y estar orientado hacia algo o alguien distinto de uno mismo.»

En efecto, cuando intentamos colmar nuestro vacío con algo diferente de lo pretendido —riquezas en vez de relaciones—, estamos condenados. «Los que quieren enriquecerse —escribió el apóstol Pablo a Timoteo— caen en la tentación, en el lazo y en muchas codicias insensatas y perniciosas que hunden a los hombres en la ruina y en la perdición. Porque la raíz de todos los males es el afán de dinero, y algunos, por codiciarlo, se extraviaron en la fe y se atormentaron con muchos dolores» (1 Timoteo 6, 9-10).

El escritor ruso León Tolstói contaba la historia de un campesino a quien le ofrecen toda la tierra que sea capaz de recorrer en un día. El hombre se apresura a recorrer toda la posible, y tan grande es su esfuerzo que cae muerto justo cuando regresa al punto de partida.

Al final de *¡Qué bello es vivir!*, ¿no es ese acaso el destino del viejo Potter? Acaba sin nada. Y George, aunque tuvo que ser humillado para aprender la lección, termina con todo. No gracias a esa cesta de dinero. La razón por la que George termina con todo es que descubre, con más claridad que nunca, dónde reside la verdadera riqueza: no en el dinero ni en las cosas, sino en las relaciones.

33. Lo que desencadena el auténtico cambio es la auténtica humildad

Ayúdame, Clarence. Devuélveme... Por favor,
Dios mío, déjame vivir otra vez.

George, tras regresar al presente

Cabría decir que fueron muchas las cosas que condujeron a la redención de George Bailey. La visita de Clarence. Las respuestas a las oraciones de la gente. El amor de una mujer. El gran corazón de las gentes de Bedford Falls. Pero, en el fondo de su giro radical al final de la película, la clave de su «nueva vida» es su propia humildad, su disposición a aceptar por fin la verdad de lo que Clarence le ha mostrado. Sin esa humildad, los demás factores habrían rebotado en George sin efecto alguno.

Pero George no llega fácilmente a ese punto de vista, ¿verdad? Admitámoslo: se muestra escéptico respecto de Clarence desde el momento mismo en que ambos interactúan en la caseta de peaje del puente. Se pregunta quién es Clarence y qué motivos lo impulsan.

—¿Qué eres, alguien que lee la mente o algo así? —dice—. ¿Quién eres?

Comienza a razonar que Clarence no podría ser quien dice ser.

—¡Oh, hermano! —dice—, me pregunto qué ha puesto Martini en esas copas.

Se ríe de Clarence como si este le estuviese gastando una broma:

—Tiene el aspecto del ángel que me merezco. Debe de ser un ángel caído, ¿verdad?

Más racionalización:

—Estoy teniendo una especie de sueño extraño.

A continuación viene el primer indicio de ira, que se manifiesta en forma de acusación. Cuando George pide ir a casa y Clarence le señala que no tiene ninguna, George exclama:

—¡Cállese! ¡Ya basta! ¡Está... está... está loco! ¡Eso es lo que creo..., está chalado y me está volviendo loco a mí también!

Se escapa, huyendo de Bert y Ernie tras su visita al caserón de los Granville.

Más racionalización, más insistencia, alimentada por el orgullo, en que es capaz de salir de ese aprieto por sí solo.

—Usted me ha hechizado o algo por el estilo. Pues me voy a librar de ese hechizo. Saldré de esto.

Más desafío a Clarence y a su autoridad. «¡Eso es mentira!», dice cuando Clarence le cuenta que Harry murió cuando era niño tras caer a través del hielo.

Más ira. En el cementerio, George agarra a Clarence por las solapas de su abrigo y, cuando se entera de lo que ha sido de Mary, le pega un empujón, aunque sin demasiado brío.

Por fin llega un momento sutil de la película que, cuando lo pensamos, sugiere el cambio decisivo de actitud de George. Después de enfrentarse a Mary, quien, por supuesto, no reconoce a aquel hombre, la persigue por el centro de la ciudad. Se congrega una multitud. Él le grita, deseando desesperadamente que lo reconozca. La agarra. Ella huye. El gentío refrena a George. «Necesita una camisa de fuerza», dice un hombre. Suena la sirena del coche de policía de Bert.

Es entonces cuando sucede. En su desesperación, y solo unos momentos antes de darle un puñetazo a Bert, George grita: «¡Clarence, Clarence! ¿Dónde estás?».

Por vez primera no está racionalizando al ángel ni escapando de él. Lo está buscando. No huyendo de él, sino corriendo hacia él.

Está huyendo de las personas que antes pensaba que podrían corroborar su historia y desmentir a Clarence, de aquellos en quienes creía que podía confiar. Y va corriendo hacia el puente, el símbolo metafórico que atraviesa las aguas turbulentas de la vida, el abismo entre el hombre y Dios.

¿Por qué acude allí George? Porque, por primera vez, confía en Clarence. Porque fue allí donde lo conoció y espera volver a encontrarlo. El cielo sabe —literalmente, Franklin y Joseph observan sin duda el desarrollo de los acontecimientos— que sus planes para desmentir a ese estúpido ángel han fracasado. Su madre le ha cerrado la puerta en las narices. Su mujer actúa como si no lo conociera. Los habitantes de Bedford Falls —o de lo que era Bedford Falls antes de convertirse en Pottersville— se han vuelto contra él. ¡Maldita sea!, Bert, uno de sus mejores amigos —o al menos eso pensaba él— le está disparando y, a juzgar por los seis tiros, no se trata de disparos de advertencia.

En ese momento, George está sumido en lo más profundo de la soledad y la traición. En su mente no tiene nada. No tiene a nadie. Por primera vez se siente verdaderamente destrozado. Así pues, corre hacia aquel en quien ahora cree: un estúpido ángel.

—¡Clarence, Clarence! Ayúdame, Clarence. Devuélveme. Devuélveme. No me importa lo que vaya a ser de mí. Simplemente devuélveme a mi mujer y a mis hijos. ¡Ayúdame, Clarence, por favor! ¡Por favor! Quiero volver a vivir.

Está absolutamente angustiado, apoyado en la barandilla del puente cubierta de nieve, enterrando su cara entre sus puños apretados con la frustración de sentirse traicionado, vacío, completamente solo.

—Quiero volver a vivir —llora—. Por favor, Dios mío, déjame volver a vivir.

Es como si George confiara por fin en Clarence y, como sugiere esa última frase, en aquel que había enviado al ángel: Dios. Como si estuviera por fin dispuesto a dejarse salvar por ese inverosímil salvador. Como si estuviera por fin muriendo para sí mismo. «No me importa lo que vaya a ser de mí», dice. Solo desea volver a vivir.

Y, en ciertos sentidos, vivir por vez primera. Porque, cuando la nieve comienza a caer de nuevo..., cuando un Bert amigable se presenta para ayudarlo y no para herirlo..., cuando su labio comienza a sangrar... y cuando descubre otra vez los pétalos de Zuzu en su bolsillo, las circunstancias de su vida, en ese momento, permanecen absolutamente inalteradas. Lo que ha cambiado, sin embargo, es su corazón. George Bailey es un hombre nuevo que ve con nuevos ojos. Y lo que desencadenó esa transformación fue su absoluto quebranto. Humildad. Su disposición, en ese puente, a dejar de confiar en sí mismo para confiar en algo o en alguien más digno de confianza.

«Bienaventurados los pobres de espíritu —dice Mateo 5— porque de ellos es el reino de los cielos. Bienaventurados los mansos, porque ellos heredarán la tierra. Bienaventurados los que lloran, porque ellos serán consolados. Bienaventurados los que tienen hambre y sed de justicia, porque ellos serán saciados. Bienaventurados los misericordiosos, porque ellos alcanzarán misericordia. Bienaventurados los limpios de corazón, porque ellos verán a Dios» (vv. 3-8).

Como pronto le sucederá a un humillado George Bailey, ellos descubrirán la verdad: que la vida es ciertamente maravillosa.

34. La fama no equivale al éxito, ni el anonimato al fracaso

No apto para el servicio por causa de su oído,
George libró la batalla de Bedford Falls...
Vigilante antiaéreo... Recogida de papeles...,
de restos..., de neumáticos...

JOSEPH DESCRIBIENDO LAS PROSAICAS
FUNCIONES DE GEORGE DURANTE
LA GUERRA

George Bailey anhela vivir una vida extraordinaria, pero termina viviendo una vida ordinaria, o eso es lo que cree. Sam Wainwright se marcha a Nueva York a hacer fortuna. Harry se va a la guerra y gana la Medalla de Honor. Otros parten para servir audazmente a su país. Y, sin embargo, George se queda en casa para librar «la batalla de Bedford Falls».

Nuestra cultura otorga una gran importancia a la aventura, ¿no es cierto? Hacemos películas y escribimos libros sobre personas que parten para realizar hazañas, no sobre aquellas que se quedan en casa. Incluso si quienes permanecen en casa viven vidas ejemplares, tendemos a considerarlos unos mediocres que nunca han hecho nada particularmente importante.

Nuestra cultura valora mucho el trabajo, no las relaciones. Pensémoslo. Cuando conocemos a alguien, nuestra primera pregunta no es: «¿Entonces qué clase de impacto positivo estás ejerciendo en las personas que te rodean?». No, sino que más bien es: «¿A qué te dedicas?». No es: «¿Cómo estás invirtiendo en los demás?». En vez de ello, aunque sea de forma tácita, es: «¿Cuánto dinero ganas?». Nuestra identidad reside en los trabajos, los títulos y los ingresos, no en nuestras relaciones con la gente.

Sin embargo, *¡Qué bello es vivir!* se atreve a escupir en el ojo de la fama y la fortuna. Se atreve a decir: «Ningún hombre es un fracaso si tiene amigos». Se atreve a decir que un tipo ordinario, al menos en la superficie, puede ser en realidad un tipo extraordinario. Se atreve a desdeñar el sistema de valores del *statu quo* y a exaltar el sistema de valores de la bondad cotidiana.

Al hacerlo, recalca la sabiduría del autor y maestro de la Biblia Oswald Chambers, quien escribió: «Tenemos que ser excepcionales en las cosas ordinarias». Y: «Ningún hombre nace natural o sobrenaturalmente con carácter, sino que tiene que forjar su carácter. Tampoco nacemos con hábitos; hemos de formar hábitos basados en la nueva vida que Dios ha puesto en nosotros. No estamos destinados a ser versiones iluminadas, sino la materia corriente de la vida ordinaria que exhibe el prodigio de la gracia de Dios».[1]

¿No es esto acaso lo que refleja la vida de George Bailey? ¿No es este personaje un paradigma de la materia ordinaria que exhibe el prodigio de la gracia de Dios? ¿La entrega entre bastidores? ¿El préstamo de dinero a Violet? ¿El uso del dinero de su luna de miel con Mary para salvar la compañía de empréstitos? ¿La concesión de préstamos a personas en las que Potter no confiaría?

«El gran obstáculo para la vida espiritual —escribió Chambers en su obra *En pos de lo supremo*— estriba en que trataremos de hacer cosas grandes. "Jesús cogió una toalla... y comenzó a lavar los pies a sus discípulos". Hay veces en las que no tienen cabida la iluminación ni la emoción, sino tan solo los quehaceres cotidianos, las tareas ordinarias. La rutina es la manera que tiene Dios de salvarnos entre nuestros momentos de inspiración. No esperes que Dios te conceda siempre sus momentos emocionantes, sino que has de aprender a vivir en el ámbito de los trabajos ingratos por el poder de Dios.»[2]

Aun cuando anhelase algo más, esta es la vida que George Bailey vivía: ordinaria. Rutinaria. Marcada al parecer por las tareas penosas; al fin y a la postre, hereda el trabajo que había confesado a su padre que le volvería loco: «... ese negocio de poca monta y pasarme toda la vida ingeniándomelas para ahorrar tres centavos en la longitud de una cañería. Yo deseo acometer algo grande e importante».

Pero la conclusión de la película sugiere que George se ha pasado la vida entera haciendo cosas que eran en efecto grandes e importantes; sencillamente no ha sido consciente de ello porque ha asumido el sistema de valores del mundo que nos exhorta a vivir en la cima de la montaña.

«No estamos hechos para las montañas, los amaneceres y las afinidades estéticas; todo esto sirve para los momentos de inspiración, eso es todo —escribe Chambers—. Estamos hechos para el valle, para la materia ordinaria en la que nos encontramos, y es ahí donde tenemos que demostrar nuestra valía.»[3]

Esto puede sonar como si el hecho de abrazar un pensamiento semejante requiriese una actitud derrotista. Por el contrario, no se está sugiriendo que no debamos tener grandes sueños ni aspirar a la grandeza. Lo que se sugiere es que los sueños y la grandeza moran con frecuencia justamente allí donde vivimos nuestras vidas, en las relaciones domésticas «rutinarias», en nuestros mundos de Bedford Falls y no necesariamente más allá.

El actor Richard Speight, Jr., que actuó en la miniserie de diez episodios *Hermanos de sangre*, tuvo el coraje de poner a Hollywood en perspectiva. En una entrevista concedida a *ActorsLife.com* el 7 de agosto de 2007, le preguntaron si se sentía «exitoso»:

> Esa es una pregunta capciosa. Tengo una pizarra blanca con cuatro palabras escritas: Steve, Jaci [su mujer], Esta Casa. Las escribí porque, cada vez que me siento frustrado porque no he conseguido la serie que quería, o tengo que prepararme para una audición importante, o no tengo muchas frases [en] el episodio que estoy rodando, puedo mirar a la pizarra y recordarme a mí mismo lo que he conseguido en la vida. Cuando estés en tu lecho de muerte, no vas a pensar en la fiesta de *In Style* a la que tienes que ir ni en la comedia de situación en la que trabajaste.

> La industria de la interpretación es como la tía más buena de tu instituto. Por mucho que la quieras y te esfuerces por conquistar su corazón, nunca le va a [importar] si vienes o si vas. Cuanto antes te des cuenta de ello, mejor para ti.[4]

Para George Bailey, la aceptación de esa forma de pensar no es derrotista en absoluto. De hecho, es ese descubrimiento, a raíz de su interacción con el ángel Clarence, el que permite al «oscuro George» realizarse plenamente como ser humano. Eso le hace reírse en la cara de sus propios problemas. Eso lo ayuda a ver, por vez primera, la maravilla de lo ordinario.

35. La amargura se vuelve contra la persona amargada

Frustrado y enfermo.

DESCRIPCIÓN DE POTTER POR PETER BAILEY

¿Quién sabe por qué? Quizás Henry F. Potter jamás conociese ningún modelo de altruismo al crecer. Quizás nada de lo que hacía fuera lo bastante bueno para su padre. Quizás guardase rencor a su Dios debido a la dolencia que lo dejó incapacitado para utilizar sus piernas. Pero, cualquiera que fuese el motivo, Potter es un hombre amargado. «Frustrado y enfermo —describe Peter Bailey a ese hombre ante su hijo George—. Enfermo en su mente, enfermo en su alma, si es que tiene una.»

¿Y qué efectos provoca semejante amargura en Potter? Le hace ansiar eternamente aquello que no posee ya. La amargura es sufrimiento autoinducido. Cuando desahogamos nuestra frustración con los demás, esta no hace más que crecer. Cuando somos incapaces de perdonar —en otras palabras, de liberar a los otros para que sean humanos—, nos esclavizamos a nosotros mismos. Cuando estamos obsesionados con tener lo que otros tienen, nos empobrecemos.

Pensémoslo. Potter no parece tener una sola relación positiva. Desprecia a los Bailey porque estos se han granjeado el respeto de la comunidad con sus corazones, lo cual resulta especialmente mortificante para un hombre que no tiene mucho corazón. Mira por encima del hombro a los pobres y a las minorías —describe a George como «atrapado, malgastando su vida haciendo de niñera de un montón de comedores de ajo»— y, como dice Peter Bailey, menosprecia a «todos aquellos que tienen algo que él no puede alcanzar». Ni siquiera parece sentir afecto o aprecio por sus propios empleados.

¿Y adónde le conduce esto al final? Si George es festejado como el hombre más rico de la ciudad, Potter debe de ser el más pobre. Si, en palabras de Clarence, «nadie es un fracasado si tiene amigos», ¿no es entonces Potter un completo fracasado al carecer de amigos? Si el éxito de George radica en el calor de su familia y sus amigos, que aprecian su generosidad, ¿no consiste el fracaso de Potter en su falta de este?

Para Potter, el objetivo de la vida es amasar más, controlar más y tener poder. Pero, al fin y a la postre, ¿adónde le lleva semejante sistema de valores? Bien puede ser la persona más solitaria de Bedford Falls.

Es la antítesis de Filipenses 2, 3: «Nada hagáis por rivalidad, ni por vanagloria, sino con humildad, considerando cada cual a los demás como superiores a sí mismo». Potter lo hace todo por rivalidad y por vanagloria, y no considera a nadie —incluido Dios, podemos suponer—

como superior a sí mismo. No podemos por menos de preguntarle: «¿Y qué tal te van las cosas, Henry?».

Si hay una cosa que distingue a George Bailey de Henry F. Potter es el orgullo. George se traga el suyo. Henry se amarra a su orgullo como a un ancla, que lo arrastra hasta las profundidades de la desesperación.

Tras enfrentarse al ángel Clarence, quien lo reta a contemplar su vida de un modo diferente, George —aunque no sin resistencia— acaba por dejar a un lado su orgullo y ver la vida con otros ojos. Pero Potter se aferra a su orgullo a toda costa y, al final, eso significa su perdición.

En *Cuento de Navidad*, Scrooge, con la ayuda de tres fantasmas, contempla su existencia de un modo diferente y cambia su manera de plantearse la vida. ¿Por qué? Deja a un lado su orgullo, lo cual le reporta, por primera vez, una nueva visión. Claridad. Y aunque es a los otros a quienes dirige su atención por vez primera, acaba beneficiándose de esa nueva visión.

Frank Capra, el director de *¡Qué bello es vivir!*, barajó un final que llevaba a Potter hasta la puerta de la casa de los Bailey en aquella Nochebuena, aparentemente preparado para devolver los ocho mil dólares de los Bailey que se había quedado. «Algo —dice el guion— le dice que no es digno de estar con los de dentro.»[1]

Y, sin embargo, en la economía de Dios, he aquí la buena nueva: todos somos bienvenidos dentro, independientemente de si hemos vivido una vida potteresca marcada por el egoísmo. La pregunta es: ¿tenemos la humildad de dejar atrás nuestro pasado como hizo Scrooge? ¿Tenemos el valor de llamar a la puerta? ¿Tenemos fe en algo que esté más allá de nosotros mismos?

«Pedid y se os dará —dice Mateo 7, 7—; buscad y hallaréis; llamad y se os abrirá.»

Si Henry F. Potter hubiera actuado así, habría aprendido cuál es la verdadera riqueza. En cambio, su orgullo lo sumió en una pobreza de la que no podría sacarlo ni todo el dinero del mundo: su propia amargura.

36. La vida sencilla nos ayuda a apreciar lo más significativo

Aquí nunca cambia nadie, ya lo sabes.

El tío Billy a Harry cuando su sobrino le dice en la estación de tren: «Tío Billy, no has cambiado nada»

Puede que el escritor Henry David Thoreau lo dijese, pero Bedford Falls lo vivía. Thoreau alentaba a la gente a «simplificar, simplificar». Escribía: «Dadme esa pobreza que conoce la verdadera riqueza». Pasó dos años en los bosques del lago Walden, viviendo en una cabaña aproximadamente del tamaño de un pequeño café de carretera. (Poco importa que fuera habitualmente a Concord para que su madre le hiciera la colada.)

Thoreau creía que la reducción de tu huella terrenal te ayuda a concentrarte en la verdad y la belleza. La vida sencilla aumenta tu gratitud por lo que tienes. Y la liberación del peso de las posesiones materiales, las exigencias financieras y las limitaciones de tiempo nos reporta una cierta libertad.

A Thoreau le habría encantado Bedford Falls. Era un lugar dado a la «simplicidad, simplicidad». Si bien no rezumaba la existencia desnuda con la que él experimentara en el lago Walden, no hay muchos indicios, más allá del viejo Potter, que sugieran que fuese un lugar envuelto en los adornos del materialismo. No era un lugar que intentase impresionarse a sí mismo ni a los demás con el oropel del estilo sobre la sustancia. (Exceptuando a Violet, por supuesto. «¡Oh!, ¿este viejo vestido? Solo me lo pongo cuando no tengo ganas de arreglarme».) Ni un lugar cuyos habitantes estuvieran eternamente tratando de reinventarse en una búsqueda desesperada de la última tendencia, moda o «respuesta».

—Tío Billy —dice Harry al bajar del tren—, no has cambiado nada.

—Aquí nunca cambia nadie, ya lo sabes —le responde Billy.

A quienes circulan por la vía rápida, esa satisfacción de la ciudad con su forma de ser puede antojárseles un defecto. Pero, a mi juicio, se trata de una fortaleza: el discreto orgullo de lo que es, la sobria aceptación de su lugar en el mundo, la modesta seguridad en las cosas que importan.

¿Y qué es lo importante en Bedford Falls? Lo importante son las personas. Las relaciones. El bien común. Cuando George intenta comprar una maleta para el viaje que planea hacer al extranjero, descubre que el señor Gower, el farmacéutico, ya le ha comprado una que tiene grabadas sus iniciales. Cuando visita con renuencia a Mary, las parejas están disfrutando de la simplicidad de los paseos nocturnos. (De hecho, en el breve tiempo en que la película nos muestra a George delante de la casa de los Hatch, pasan casi veinte personas. Puede que los ciudadanos de Bedford Falls crean en la simplicidad de Thoreau, pero claramente no son unos ermitaños como este.) Es cierto que en Bedford Falls no faltan aquellos que siguen el principio del «yo primero», como Tom, que, pese a los momentos desesperados durante el pánico bancario, insiste en recuperar íntegramente sus «doscientos cuarenta y dos dólares» de la compañía de empréstitos. Pero Ed, que tiene trescientos disponibles, se contenta con veinte. Y, por supuesto, la señora Davis se conforma tan solo con «diecisiete cincuenta». (Una cantidad, por cierto, que soltó espontáneamente, como improvisado fue asimismo el beso agradecido de George.)

No obstante, en su mayoría, las gentes de Bedford Falls no adoran el dinero ni las cosas. El señor Martini y Nick podrían haber seguido sirviendo copas a George en el bar aquella Nochebuena, pero el valor superior era el bienestar de este. «¿Por qué estás bebiendo tanto, amigo?», le pregunta el señor Martini. «¿Quieres que te llevemos a casa?», pregunta Nick.

Con la excepción de Sam Wainwright, incluso los vecinos de Bedford Falls que dejan la simplicidad de la ciudad (cuando Mary se marcha a estudiar a la universidad, por ejemplo) o intentan partir (Violet y George) terminan apreciando sus virtudes hogareñas. Puede que sea Mary quien más valora la simplicidad sin pretensiones; regresa a su localidad no solo por George, sino también porque ama ese lugar, incluida, por supuesto, la casa de los Granville. Violet, aparentemente inspirada por el esfuerzo de recaudación de fondos para George, decide no marcharse a Nueva York, en parte, podemos suponer, porque cobra conciencia de la bondad de aquel lugar. Y George, pese a lo que le habría encantado viajar por el mundo, descubre esa Nochebuena que la satisfacción no consiste en construir cosas ni en conocer distintos lugares, sino en algo más sencillo. Tiene que ver con las personas, la infraestructura misma sobre la que se erige Bedford Falls.

En la secuencia de la vida sin George, Clarence le presenta a George una Bedford Falls echada a perder por una mentalidad de codicia, velocidad y complejidad, fruto de la influencia de Potter, por supuesto. Los individuos son bruscos, están fuera de sí y obsesionados con las emociones baratas («Chicas, chicas, chicas») y el poderoso dólar. El hecho de que Bedford Falls preserve su identidad sencilla y afable cuando cuenta con la presencia de George no solo sugiere que podemos ser beneficiarios de esa bondad hogareña, sino también que nuestra presencia puede contribuir a crearla.

37. Los ideales elevados son un afán honorable

¡A mi parecer murió siendo un hombre
mucho más rico de lo que usted jamás será!

GEORGE BAILEY A POTTER, A PROPÓSITO DE
SU PADRE, PETER BAILEY

En sus ofensas *post mortem* a Peter Bailey, Henry F. Potter se mofa del hombre al definirlo como un fracasado cuya apasionada protección de la gente humilde ha puesto en peligro a Bedford Falls. «Peter Bailey no era un hombre de negocios —dice Potter—. Fue eso lo que lo mató. Oh, no pretendo faltarle al respeto, que Dios lo acoja en su seno. Era un hombre de altos ideales (creo que es así como los llaman), pero los ideales no acompañados de sentido común pueden llevar a la ruina a esta ciudad.» Acto seguido pasa a cuestionar los préstamos concedidos por Peter Bailey a personas como Ernie el taxista y el señor Martini.

Francamente, no es tanto lo que sabemos sobre Peter Bailey. Tal vez sea cierto algo de lo que Potter sugiere; después de todo, el propio George admite que su padre no era un hombre de negocios. Y, sin embargo, George respeta tanto a su padre que acaba sacrificando sus sueños para quedarse en casa, dirigir la compañía de empréstitos y, de esa manera, preservar el honor de aquel hombre.

En la defensa que George hace de su padre, las dos facciones beligerantes no son los «ideales» y el «sentido común» que Potter contrapone. Los dos conceptos en conflicto son vivir con corazón o vivir sin corazón. Aun cuando no aborde específicamente la acusación de Potter de la falta de sentido común de Peter, George sugiere que sí, que es posible que ese no fuese el fuerte de su padre. Aunque no dice tal cosa, tal vez George sepa que la bondad de su padre le hacía salir escaldado de vez en cuando por personas en las que había confiado y que no cumplieron sus pagos. Pero sostiene que el valor más elevado en ese contexto no es el sentido común, sino los ideales. El deseo de ayudar a los otros. El carácter para ver más allá de uno mismo.

«En los veinticinco años desde que el tío Billy y él fundaron la compañía, no pensó ni una sola vez en sí mismo —dice—. No ahorró suficiente dinero para mandar a Harry a la universidad, y menos a mí. En cambio, ayudó a unas cuantas personas a salir de los suburbios, señor Potter. ¿Y qué hay de malo en ello?» ¿Acaso esa generosidad no convierte a las personas en mejores ciudadanos y en mejores clientes?, pregunta George.

Para los Bailey, lo fundamental son las personas. Para Potter, es el beneficio. Y Henry F. Potter tiene toda la razón cuando sugiere que los «ideales» —probablemente le resulte demasiado doloroso emplear la palabra «generosidad»— pueden mermar a veces el balance final. Pero George aduce que existen cosas más valiosas que los balances: la integridad. Las personas. Y ofrecer a estas una oportunidad para triunfar.

Como columnista de periódico, en cierta ocasión escribí una serie de artículos sobre si deberíamos dar limosna a las personas que piden en las esquinas. Lo que me sorprendió fue que muchas de las opiniones acerca de los sintecho que se aprovechan de la gente («¿Es realmente un veterinario? ¿No podría conseguir un empleo? ¿Y si se lo gasta en bebida?») provenían de lectores que se identificaban a sí mismos como cristianos.

¿De veras el valor supremo aquí es que no nos exploten cuando le damos a alguien un par de dólares? No, el valor más elevado es ayudar a los pobres. Los donativos entrañan ciertos riesgos; sin lugar a dudas, si das dinero a los pobres, a veces se aprovecharán de ti. Darás dinero a personas que quizás no se hallen en una situación tan apurada como sugieren, o que tal vez se lo gasten en cosas en las que no te gustaría que se lo gastasen.

Ese es el pequeño riesgo que asumes cuando te atreves a preocuparte por los demás. El buen samaritano tenía una infinidad de razones para no ayudar al hombre que había recibido una paliza y al que habían dado por muerto, la primera de las cuales era que pertenecía a un grupo étnico rival. Pero se detuvo a ayudarlo. Potter lo habría reprendido por sus elevados ideales y su falta de sentido común. Pero, en la economía de Dios, es honrado. Después de todo, Jesús curaba a la gente, resucitaba a la gente, fabricaba comida en el acto para la gente, sin pedir verificaciones de antecedentes a aquellos a quienes daba.

La conclusión no es que deberíamos regalar dinero frívolamente y sin pensarlo. La conclusión es que los ideales triunfan sobre el sentido común. El corazón triunfa sobre la cabeza. Y, al igual que Peter Bailey, todos moriremos más ricos cuando hayamos vivido nuestra vida teniendo esto presente.

38. Los sueños perdidos pueden ser oportunidades halladas

Ojalá tuviera un millón de dólares...
¡Perrito caliente!

GEORGE, MIENTRAS PRUEBA EL ANTICUADO ENCENDEDOR DE PUROS EN LA TIENDA DE GOWER

Fijémonos en esta escena y consideremos qué podría haber sucedido si George hubiera visto cumplido su deseo. Por supuesto, no es la primera vez que pulsa el encendedor de puros en la tienda de Gower mientras desea tener un millón de dólares. Lo ha hecho ya en la segunda escena de la película, cuando llega a trabajar de niño al mostrador de helados y refrescos. Por lo tanto, es justo decir que, como muchos de nosotros, George tenía sueños de riqueza, de viajar y de hacer cosas grandes e importantes.

De hecho, cuando entra de joven en la tienda del señor Gower, está preparado para vivir ese sueño. Acaba de llegar de la tienda de equipajes, donde le han entregado una maleta que le ha comprado el señor Gower. Dice que partirá pronto hacia Italia, Bagdad y Samarcanda, unos lugares muy exóticos. (Samarcanda es una ciudad del actual Uzbekistán, a unos doscientos cincuenta kilómetros al norte de Afganistán, y conocida como «la Roma de Oriente».)

Sin embargo, sus planes se malogran. Esa noche, mientras George regresa del baile con Mary, muere su padre. Y, al poco tiempo, George queda atrapado en Bedford Falls dirigiendo la compañía familiar.

Ahora bien, supongamos que el sueño del encendedor de puros de George se hiciera realidad, y que de repente tuviera un millón de dólares en su cartera: nueve billetes de cien mil, nueve billetes de diez mil, nueve billetes de mil y diez billetes de cien dólares. Se trata de una pura conjetura sobre cómo habría cambiado su vida, pero esmerémonos en el intento.

Para empezar, George no habría acabado esa noche en el baile del instituto. No, cuando tienes un millón de dólares en el bolsillo, ir a un baile de instituto parecería indigno de ti. Puede que hubiese ido al centro. Tal vez se hubiera quedado en su habitación contando su fortuna. Pero no habría acudido al baile y, por consiguiente, no habría bailado con Mary ni se habría casado con ella.

Tras la muerte de su padre, quizás se hubiera hecho cargo de la compañía de empréstitos para satisfacer los deseos de la junta directiva. Pero tendría un millón de dólares; ciertamente, podría inyectar parte del dinero en la empresa y contratar a alguien de fuera para vigilar al olvidadizo tío Billy y la compañía. Eso le habría dado libertad para viajar. Pero la persona contratada probablemente no habría tenido el verdadero corazón de los Bailey, por lo que posiblemente a Martini no le habrían concedido el préstamo. A Martini se le habría endurecido el corazón y, en lugar de regentar un bar agradable, habría servido «bebidas fuertes... para hombres que quieren emborracharse deprisa». Y puede que la compañía exigiera a Ernie el taxista la devolución del préstamo si se retrasaba en unos cuantos pagos, en contra de la voluntad del tío Billy. Desesperado por realizar el pago de su préstamo y no decepcionar a su familia, Ernie habría empezado a cometer delitos de poca monta, como estafas en ventas a domicilio.

Cuando estallara el pánico bancario, George habría estado bebiendo vinos exóticos en Samarcanda. Habida cuenta de la telegrafía de la década de 1930, la lejanía de Samarcanda y la amenaza de Potter de que «si cierran las puertas antes de las seis en punto de la tarde, jamás volverá a abrirlas», George no habría sido capaz de rescatar a tiempo de ninguna manera la compañía de empréstitos. Desesperada, la persona designada como presidente bien podría haber aceptado la oferta de Potter de cincuenta centavos por dólar, y las sórdidas raíces de Pottersville habrían comenzado a crecer.

Como sugirió Clarence en su viaje por la vida sin George, controlada por Potter, Bedford Falls habría adoptado un cariz codicioso y sombrío. Cuando George regresara de su viaje, ¿quién sabe?, quizás habría invertido parte de su dinero con Sam Wainwright y se habría sentido un tanto obligado a salir con algunas de las fulanas que Sam le presentaba, y habría terminado casándose con una de ellas y estableciéndose en Nueva York para construir puentes, aeropuertos y cosas por el estilo.

Ahora bien, ¿qué habría sido de Bedford Falls?

Afortunadamente, como nos recuerda la canción de los Rolling Stones, no siempre podemos conseguir lo que queremos, pero de cuando en cuando, si lo intentamos, podríamos conseguir lo que necesitamos.

Lo que George necesitaba era a Mary, la Compañía de Empréstitos Bailey y Bedford Falls, y lo que Mary, la Compañía de Empréstitos Bailey y Bedford Falls necesitaban era a George. Por consiguiente, agradezcamos que su sueño del millón de dólares no se hiciera realidad. Y es que, aunque George habría dejado ciertamente su huella en el mundo (y probablemente una huella honorable), al no estar en el lugar al que realmente pertenecía, habría «dejado un terrible vacío», como decía Clarence a propósito de la vida sin él.

39. No es oro todo lo que reluce

Oh, sí, George Bailey, cuyo barco acaba de llegar a puerto, suponiendo que sea lo bastante listo para subir a bordo.

EL SEÑOR POTTER

Cuando el viejo Potter le ofrece a George un empleo en su empresa, es un momento decisivo para el joven señor Bailey. Recordemos el contexto: es justo después de la escena de la inauguración de la casa de los Martini, que concluye con el rechazo por parte de George y Mary de una oferta para acompañar a Sam Wainwright y su mujer en una espontánea escapada a Florida. Miran melancólicos mientras Sam y su esposa, que luce joyas y un visón, parten en su coche con chófer. En cierto sentido, se trata de otra pérdida para George, la tercera vez que desaprovecha una oportunidad de marchar de Bedford Falls, aunque en esta ocasión habría sido solamente un breve viaje. Cuando la pareja regresa a la tartana de los Bailey —curiosamente, hasta Mary, la estoica y hogareña esposa, parece algo arrepentida—, un frustrado George cierra de una patada la puerta del lado del conductor.

Así pues, en la escena siguiente, cuando George da una calada al puro que le ha ofrecido Potter en su despacho y comienza a escuchar la propuesta del viejo, verdaderamente es como si su barco hubiera llegado a puerto. Potter le está ofreciendo a George algo más que un empleo en su empresa. Le está brindando la oportunidad de hacer realidad sus sueños latentes de viajes y aventuras. Le está prometiendo veinte mil dólares anuales, casi diez veces lo que gana ahora. Le está ofreciendo básicamente una invitación a salir y viajar, si no a marcharse para siempre de Bedford Falls. A explorar el mundo. A ser el hombre que siempre ha querido ser.

Potter describe a George (a la cara de este) como «un joven que se muere por prosperar desde el día en que nació..., un joven que tiene que sentarse a ver triunfar a sus amigos, porque él está atrapado... malgastando su vida haciendo de niñera de un montón de comedores de ajo». Aunque George no habría aprobado el insulto racista final contra los italianos, es evidente que Potter ha tocado el talón de Aquiles del joven, su lamento latente por haber renunciado a sus sueños.

Por supuesto, esto se asemeja a la tentación de Jesús por el diablo. Este sabía que, después de cuarenta días en el desierto, Jesús estaba hambriento, de modo que le ofreció una solución rápida para su hambre. Análogamente, Potter sabía que George estaba hambriento de vivir sus sueños de «hacer cosas importantes» y le ofreció una solución rápida para *su* hambre.

Y George está a punto de aceptar. Aunque, por supuesto, quiere que Mary dé su visto bueno al trato, es consciente de que, como dice Potter, su barco ha llegado a puerto y está preparado para subir a bordo. Pero entonces llega el apretón de manos. Para George, el tacto de Potter —dice el guion que «la mano de Potter parece una caballa fría»— es como vender su alma al diablo. Una llamada de atención. La conciencia de que, aunque a veces tu cabeza diga una cosa —«Acepta el empleo, ¡te lo mereces!»—, has de seguir a tu corazón, que a menudo dice algo diferente.

George no solo rechaza la oferta, sino que también llama a Potter «araña despreciable»: «Teje sus telarañas y piensa que el mundo entero gira alrededor de usted y de su dinero —despotrica—. ¡Pues no es así, señor Potter!».

Lo que triunfa, como lo ha hecho antes, es la integridad de George Bailey. Su negativa a anteponer sus deseos a los de la comunidad. Su negativa, en los términos de *La guerra de las galaxias*, a pasar al lado oscuro. Y su capacidad de darse cuenta de que no es oro todo lo que reluce.

Si George hubiera aceptado la oferta de Potter, un cambio radical habría sacudido Bedford Falls como un terremoto. Como su patrono, Potter habría presionado a George para que este adoptase su sistema de valores; lo fundamental habría sido el dinero, no las personas, y Bedford Falls se habría empobrecido. Mientras tanto, aunque George podría haber viajado, mimado a Mary e incluso reparado el poste de la escalera, algo nuevo y más insidioso que sus sueños de conocer mundo y hacer cosas habría comenzado a devorarlo desde dentro: la conciencia de haber renunciado a algo que no podría recuperar ni con todo el oro del mundo: su integridad personal.

El caso es que George parece haberse hecho la pregunta de Marcos 8, 36 —«¿De qué le sirve al hombre ganar el mundo entero si arruina su vida?»— y haber tenido el coraje de hallar la respuesta.

40. La gente responde a los ejemplos honorables

¿Por qué no acudes a la chusma... y le pides ocho mil dólares?

El señor Potter a George, tras la desaparición del dinero

A veces hace falta una crisis para que sepamos quiénes son nuestros verdaderos amigos y cuán profundas son esas amistades. Si lo pensamos, *¡Qué bello es vivir!* no se prodiga en afirmaciones sobre el tipo tan estupendo que es George Bailey a juicio de todos. Es Harry quien recibe la Medalla de Honor, mientras George realiza rutinarias labores de voluntariado en su localidad. Es Sam quien lleva a Bedford Falls la nueva fábrica de plásticos elaborados a partir de soja, por más que la idea fuera de George. Es la inauguración de la casa de los Martini, aunque fuese George quien la hizo posible. Entretanto, George vive en la sombra, como el viento bajo las alas de muchas personas, pero no como el tipo al que todos rinden homenaje.

Por supuesto, hasta esa Nochebuena en la que está en apuros. Entonces se hace patente la medida de ese hombre. Cuando George está buscando un préstamo para devolver los ocho mil dólares, la sarcástica sugerencia de Potter de que consiga el dinero de la «chusma» de la ciudad se convierte irónicamente en la respuesta misma al problema de George. Solo que George no necesita pedirlo. Mary y los demás se encargan de hacerlo por él.

¿Cuál es la lección? La gente responde a aquellos que inspiran, que es lo que, a su discreta manera, hace George. Todas esas «pequeñas cosas» que hacía para afirmar a los demás no eran tan pequeñas. ¿Los que tenían un techo sobre su cabeza gracias a los Bailey? Lo recordaban. ¿El hermano que tuvo libertad para estudiar en la universidad y para ir a trabajar para su nuevo suegro? Lo recordaba. ¿La pendona de la ciudad a la que George había prestado dinero? Lo recordaba. La gente repara en los generosos, en aquellos que ponen por delante a los otros. La gente repara en aquellos que siguen el camino recto. Las personas cuyas vidas están repletas de ejemplos honorables.

La conclusión no es que debamos actuar de forma que complazcamos a la gente; ese es un motivo erróneo. Decía Pablo en Gálatas 1, 10: «¿Busco yo ahora el favor de los hombres o el de Dios?». Debemos obrar de un cierto modo porque eso trae gloria a Dios. Dicho esto, una vida orientada hacia los otros no pasa desapercibida, aunque no nos homenajeen con banquetes de agradecimiento.

Se ha dicho que la medida de nuestra vida se refleja en el número de personas que llorarán nuestro fallecimiento cuando esa vida llegue a su fin. O en el número de personas que acudirán al rescate cuando estemos en apuros. Ciertamente, George Bailey aprendió esa lección. En Nochebuena, mientras observa cómo sus amigos dan un paso adelante con sus contribuciones al fondo de «Ayuda a George», se siente claramente abrumado por la generosidad.

Huelga decir que se están limitando a devolver lo recibido. Un hombre que ha consagrado su vida entera a los demás está recibiendo finalmente el agradecimiento colectivo que se merece desde hace mucho tiempo. Porque la gente no olvida la bondad.

41. La ayuda a los otros requiere sacrificio

Aquel día George le salvó la vida a su hermano. Pero cogió un mal resfriado que le infectó el oído izquierdo, por el que ya no volvería a oír.

EL ÁNGEL JOSEPH

Aun cuando haya mayor dicha en dar que en recibir, no podemos ignorar el hecho de que el sacrificio por los otros tiene a menudo un precio. Puede que nos guste creer otra cosa, pero lo cierto es que nuestra entrega puede pasarnos factura. Nos obliga necesariamente a renunciar a algo de nosotros mismos en beneficio de otros.

Pensemos en George Bailey. Renunció a sus aspiraciones de conocer mundo y hacer cosas con el fin de concentrarse en beneficiar a su familia, a la empresa familiar y a Bedford Falls. Podría haber viajado. Podría haber ido a la universidad. Podría haber construido puentes y aeropuertos. Sin embargo, renunció a todo ello, aunque un tanto a regañadientes, por unos propósitos más elevados.

En la década de 1980, arraigó en la cultura estadounidense la idea de que podíamos «tenerlo todo», la idea de que podíamos perseguir con la misma pasión un trabajo, una carrera, una familia, una fe o cualquier otra cosa.[1]

Y, efectivamente, la idea suena atractiva. ¿Por qué no habríamos de poder entregarnos infinitamente a todas las dimensiones de nuestra vida? ¿Por qué no deberíamos hacerlo?

Porque, por supuesto, cada uno de nosotros tenemos una cantidad limitada de tiempo, dinero, creatividad y energía. Siempre hemos de ceder en algo. Y a aquello que valoramos más profundamente en nuestra vida es a lo que nos dedicamos con más empeño.

Las buenas familias, por ejemplo, requieren la subordinación de los intereses individuales a los colectivos. No puede ser de otra manera. Cuando te casas, o bien comienzas a practicar el arte de la abnegación —como esperas que haga asimismo tu pareja— o bien estarás destinado a una vida de discordia matrimonial. Porque las relaciones exigen sacrificio. Cuando fundas una familia, esa disposición a la entrega aumenta necesariamente porque los hijos requieren tiempo, atención, dinero, creatividad: todas esas cosas que antes podías atesorar para ti mismo o compartir con tu cónyuge.

Fijémonos en los misioneros, que realizan uno de los trabajos más abnegados del mundo. Sacrifican de buen grado las comodidades del hogar, de la familiaridad y de las normas sociales a fin de servir a los demás.

Pensemos en quienes sirven en el ejército. Renuncian al individualismo y cumplen unas normas no necesariamente de su elección. ¿Por qué? Porque la totalidad se fortalece gracias a los sacrificios de los individuos.

Consideremos a aquellos que deciden seguir a Cristo. Resulta más sencillo y más cómodo no entablar una relación semejante, puesto que esta conlleva un riesgo, ceder el control, permitir que otro nos guíe. «Es preciso que él crezca y que yo disminuya», dice Juan 3, 30.

Pensemos en las personas que forjan relaciones con otras. Cada vez que damos un paso hacia el otro, ello implica renunciar a algo de nosotros mismos. Puede ser tiempo, comodidad, dinero, paz, pero algo en todo caso. Porque, al dar un paso hacia el otro, estamos aceptando básicamente sacrificar nuestras propias necesidades en pro de las suyas.

¿No es eso lo que George hace durante la mayor parte de su vida? Podríamos aducir que no tenía otra opción que consagrarse a Bedford Falls en lugar de a sus sueños. Nada de eso. Muchos, si les hubieran dicho que la única forma de lograr que la junta directiva impidiera que Potter asumiese el control de la compañía de empréstitos era que se comprometiesen a ser ellos mismos los directores ejecutivos, habrían respondido: «Gracias, pero no. Me voy a estudiar a la universidad, aunque a mi edad bien podría ser ya un profesor». Pero George se quedó.

En la estación de tren, cuando Ruth les menciona a George y al tío Billy que su padre quiere que su nuevo marido Harry trabaje para él, la escena podría haber discurrido en estos términos:

HARRY: Ruth ha hablado gratuitamente. Yo nunca he dicho que vaya a aceptar la oferta de mi suegro. Tú llevas cuatro años aguantando mecha y..., bueno, no te voy a defraudar, George.

GEORGE: Tienes toda la razón, tío. Ya estoy cansado de sacarle las castañas del fuego a todo el mundo. ¿Qué hay de mí? ¿Qué hay de *mis* sueños? ¿Qué hay de *mis* necesidades? Mientras tú estudiabas en la universidad como el típico norteamericano, yo seguía aquí en Bedford Falls, volviéndome loco intentando averiguar cómo ahorrar tres centavos en la longitud de una cañería. Quiero acometer algo grande e importante. Así que más te vale no defraudarme. Puedes investigar para el padre de Ruth más adelante. Por el momento, eres el nuevo director ejecutivo de la compañía de empréstitos. Y a ver si tienes suerte y consigues que el tío Billy recuerde su nombre.

Pero, por supuesto, George no hizo tal cosa.

Análogamente, habría resultado más cómodo ignorar el pánico bancario y partir de luna de miel con Mary. «Ernie, llévanos a la estación de tren. Y, por diez dólares más, no le cuentes a nadie que hemos visto que Bedford Falls estaba a punto de venderse al viejo Potter. Ese será nuestro pequeño secreto.»

Pero, por supuesto, no lo hizo.

En vez de ello, George sacrificó sus sueños y aspiraciones en aras de la colectividad. Al igual que pagó un precio por salvar a Harry en el lago congelado (perdió la audición de su oído izquierdo), paga un precio por salvar a la ciudad. Pero, conforme se desarrolla la historia, la gran noticia acerca del sacrificio es esta: cuando nos perdemos a nosotros mismos por los demás, al final nos encontramos, ¿no es cierto? Cuando dejamos de lado nuestras inclinaciones egoístas, vivimos la vida con más plenitud y profundidad de lo que jamás habríamos imaginado. Cuando nos atrevemos a poner a los otros por encima de nosotros mismos —«Si alguno que posee bienes de la tierra ve a su hermano padecer necesidad y le cierra su corazón, ¿cómo puede permanecer en él el amor de Dios?» (1 Juan 3, 17)—, manifestamos ante el mundo al Dios del universo.

Y esa es una dulce rendición.

42. Busca amigos que saquen lo mejor de ti

Mary es una buena chica..., la clase de chica
que te ayudará a encontrar las respuestas,
George

LA MADRE DE GEORGE

No sabemos gran cosa sobre la señora Bailey, la madre de George. La vemos por primera vez en la cena antes de la fiesta de graduación y, francamente, parece un tanto aprensiva. Le preocupa que se estropee el traje de Harry en el exagerado alboroto de sus dos hijos antes del baile. Le preocupa que a George y a Harry se les enfríe la comida. Le preocupa que Harry vaya a llevarse sus mejores bandejas de Haviland para servir la comida en el baile. Y, por supuesto, llama la atención su primera referencia a ambos. «¡Menudo par de tontos!». Pero nos gusta mucho más esa mujer tras la escena en la que George se marcha de la fiesta de Harry y Ruth y ella lo anima para que empiece a verse con Mary Hatch.

Advertimos que solo desea lo mejor para George. Y, por supuesto, por eso le sugiere que llame a Mary, que ha regresado a la ciudad después de estudiar en la universidad. George le dice que ya es tarde, porque Sam Wainwright está interesado en ella. Pero la señora Bailey insiste.

Sam está en Nueva York, dice; tú estás aquí. En otras palabras: tú juegas en casa, George. Además, señala —y aquí es donde empezamos a percatarnos de que es una mujer muy perspicaz— que Sam está más interesado en Mary que a la inversa. No, Mary prefiere a George. «Se ilumina como una luciérnaga cada vez que te ve», le dice a su hijo.

De todo lo que dice en ese breve intercambio, quizás la frase más reveladora sea cuando dice que Mary es una buena chica, la «clase de chica que te ayudará a encontrar las respuestas, George». Estas palabras revelan dos cosas acerca de la señora Bailey. En primer lugar, que es lo suficientemente perspicaz para saber que George se está cuestionando algunas cosas sobre su vida, lo cual es cierto. Y, en segundo lugar, que es lo bastante perspicaz para saber que Mary sacará lo mejor de su hijo.

Y tiene toda la razón. Mary es la compañera perfecta para George, siempre que este se arme de valor para olvidarse de Sam Wainwright —quien, por cierto, parece tener mucha compañía femenina en la Gran Manzana— y luchar por ella. A medida que avanza la película, vamos descubriendo que Mary es realmente una especie de heroína silenciosa.

Para empezar, es inteligente. A pesar de su enfado con George por la renuencia de este para perseguirla —«¿Para qué has venido?», le pregunta y, cuando George se marcha, hace añicos su disco de «Buffalo Gals»—, despliega todos sus encantos cuando Sam Wainwright llama por teléfono, a fin de poner celoso a George. «Eres muy amable, Sam...». Y su estrategia funciona lo suficientemente bien como para hacer regresar a George al terreno de juego, si no a ladrar señales en la línea de golpeo. Y, hablando de inteligencia, es Mary quien propone la idea de utilizar el dinero de su luna de miel para salvar la compañía de empréstitos.

Mary no es solo inteligente, sino también ingeniosa. Es una de esas personas que saben aprovechar todas las oportunidades a su alcance. Mientras que George y sus parientes mantienen con vida la compañía de empréstitos aquel día del pánico bancario, Mary engalana el caserón de los Granville para su noche de bodas. (Esto plantea un interrogante: ¿había comprado de alguna forma en secreto la casa antes de la boda con la idea de sorprender a George? En una versión previa del guion aparece comprándola *durante* el pánico bancario, lo cual resulta un pelín inverosímil, habida cuenta de que probablemente es sábado y tendría que haber hecho todo eso en poco más de tres horas, dado que el pánico bancario comienza aproximadamente a las tres menos cuarto de la tarde, según el reloj de la oficina, y termina a las seis, cuando cierra la compañía de empréstitos.)

Amén de inteligente e ingeniosa, Mary es fiel, tan fiel que, en aquella Nochebuena en la que George se pone furioso, permanece con él. Es cierto que le dice que se marche; ¿quién podría culparla después de su violento comportamiento? Pero, cuando George se va, ¿qué es lo que hace ella? Algo que recuerda las palabras de la señora Bailey cuando dijo que Mary era alguien que ayudaría a George a hallar las respuestas. Reza por su marido. Anima a toda la ciudad a rezar por su marido. Y, conociéndola, no habría intimidado a nadie para conseguir el dinero, simplemente les habría contado la verdad acerca de los ocho mil dólares desaparecidos.

Huelga decir que esas plegarias —junto con las oraciones del propio George— acaban conduciendo a la respuesta a la pregunta con la que George lleva lidiando toda su vida: ¿tiene realmente alguna relevancia mi vida si no me marcho y hago cosas importantes?

Por supuesto, la lección para nosotros es que encontremos amigos —o animemos a nuestros hijos a que encuentren amigos— a quienes les importemos lo suficiente como para sacar lo mejor de nosotros. Que no nos arrastren hacia abajo, sino que nos hagan crecer. Y, sí, que, como tan astutamente observó la señora Bailey, nos ayuden a hallar las respuestas. «El justo enseña el camino a su prójimo —dice Proverbios 12, 26—, pero el camino de los malos los extravía.»

43. La desesperación puede ser un catalizador para las cosas grandes

¿Cuánto quieren?

MARY BAILEY RECIÉN CASADA, OFRECIENDO UN FAJO DE BILLETES DEL REGALO DE BODA A LOS DESESPERADOS CLIENTES DE LA COMPAÑÍA DE EMPRÉSTITOS

Como reza el dicho, las situaciones desesperadas requieren medidas desesperadas. Puede que este adagio sea cierto, pero sería más preciso decir: «Las situaciones desesperadas desencadenan soluciones imaginativas». Demasiado a menudo, cuando la situación se vuelve desesperada, ¿qué es lo que hacemos? Nos rendimos y somos presas del pánico. ¿Recuerdas la escena del pánico bancario de *¡Qué bello es vivir!*? La gente está aterrada. Se da por vencida. Pero George la tranquiliza. «¿No veis lo que está ocurriendo? Potter no está vendiendo. ¡Potter está comprando! ¿Y por qué? Porque nosotros estamos asustados y él no.»

Si alguien tiene motivos para sentirse desesperado, ese es George, que tiene a media ciudad reclamándole dinero y amenazando con aceptar el ofrecimiento de Potter. Si no hace algo enseguida, ha llegado el momento de bajar el telón para la compañía de empréstitos, para él mismo, para Mary y, en general, para Bedford Falls. Pero Mary —irónicamente, pues en un principio deseaba huir de aquel desastre— propone una solución de última hora para salvar la situación: el dinero de la luna de miel de la pareja, dos mil dólares. De la desesperación surge una solución creativa.

La escena de Nochebuena brinda otro ejemplo del prodigio que brota del infortunio. George afronta la desesperación definitiva, la creencia de que su vida ha sido un fracaso tan absoluto que no merece la pena seguir adelante. De hecho, su presunta solución —se está planteando el suicidio— no es un ejemplo de una idea imaginativa basada en la desesperación, sino de la incapacidad de utilizar la desesperación, como el agua que pasa por las turbinas de una presa, para crear una solución positiva y poderosa. Habremos de recurrir a Mary para ello. Cuando George se marcha de la casa, Mary, en su propia desesperación, recurre a las dos fuentes que sabe que pueden ayudar: Dios y la gente. Y, a decir verdad, ¿no es acaso la desesperación del propio George la que lo lleva a rezar?

Las personas reaccionan a la desesperación de dos maneras. O bien se dejan ahogar, aterrorizar y derrotar por ella, o bien la emplean para inspirarse, animarse y plantearse nuevas formas de pensar. Cuando tomamos la iniciativa, la imaginación comienza a fluir y empiezan a suceder cosas buenas. En su libro *Bahía de Chesapeake*, James Michener escribió:

Un barco, al igual que un ser humano, se mueve mejor cuando es azotado ligeramente de través por el viento, cuando tiene que mantener firmes las velas y prestar atención a su rumbo. Los barcos, como los hombres, navegan mal cuando tienen el viento directamente en popa, empujándolos descuidadamente en su camino, de manera que no se requiere ningún cuidado para dirigir su rumbo ni para manejar las velas; el viento parece favorable, pues sopla en la dirección deseada, pero en realidad es destructivo porque induce una relajación en la tensión y en la destreza. Lo que se precisa es un viento levemente opuesto al barco, que permita mantener la tensión, que haga que fluyan los jugos y germinen las ideas; pues los barcos, al igual que los hombres, responden a los desafíos.[1]

44. Existen los milagros

¡George, es un milagro! ¡Es un milagro!

MARY, MIENTRAS SE PREPARA PARA LA LLEGADA DE LOS CIUDADANOS CON SUS «OFRENDAS»

Las Sagradas Escrituras están repletas de milagros. No obstante, yo me pregunto si, incluso como creyentes en aquel que está detrás de tales milagros, somos Tomases que dudan en lo que atañe a los milagros de nuestros tiempos. Alguien podría aducir que hemos degradado los milagros al atribuir causas sobrenaturales a lo que, en el panorama general, son sucesos ordinarios, como el «milagro sobre hielo» de 1980, cuando Estados Unidos ganó la medalla de oro de los Juegos Olímpicos de *hockey* sobre hielo. Otros, entre los que me incluyo, sostendrían que tal vez la verdad sea todo lo contrario. Si bien no podemos considerar milagroso todo desarrollo de acontecimientos, quizás pasemos por alto milagros que suceden delante de nosotros porque ponemos el listón demasiado alto.

Al fin y a la postre, ¿no fue Isaac Newton el que dijo que «a falta de otra prueba, el dedo pulgar por sí solo me convencería de la existencia de Dios»?

Sea como fuere, Mary Bailey cree que se está obrando un milagro esa Nochebuena cubierta de nieve. Y recordemos que, cuando menciona esto en voz alta mientras prepara el salón para la llegada de los invitados que portan regalos, no tiene ni la menor idea de la transformación experimentada por George. Ni idea de su espeluznante *tour* por Bedford Falls o Pottersville. Ni idea de la visita de Clarence a su marido. En lugar de eso, se está refiriendo a la reacción de la ciudad ante la noticia de que George está en apuros y necesita ayuda.

Hace bajar la escalera a George, que lleva a la espalda a dos de sus hijos, y lo guía hasta llevarlo delante del árbol de Navidad. Con una sola barrida de su brazo —«preparativos» creativos— despeja un par de mesas para la cesta de dinero y da instrucciones a George para que se coloque justamente ahí. «¡George, es un milagro! ¡Es un milagro!»

En ese momento, George está demasiado ocupado intentando besarla —una especie de milagro en sí mismo, por cuanto la última vez que habían estado juntos, unas horas antes, se había movido pesadamente por ese mismo salón con toda la ira de King Kong en Times Square— como para apreciar realmente lo que está aconteciendo.

Y entonces sucede. Llega el tío Billy con la cesta de dinero, intentando explicar entre jadeos lo que ha ocurrido (¡y tal vez secretamente entusiasmado porque la generosidad de los ciudadanos le ha librado de seguir en la picota con George!). Pero quizás, como muchos de nosotros, sea demasiado práctico para ver el panorama general.

«¡Ha sido Mary, George! ¡Ha sido Mary! Les contó

a unas cuantas personas que estabas en apuros y ellas se desplegaron por toda la ciudad recaudando dinero.»

Mary sabe la verdad. Ya ha decidido que no se trata solo de personas, dólares y grandes corazones. Lo que está sucediendo es algo más maravilloso: un milagro.

Y hemos de creer que aquel no fue el único milagro esa Nochebuena. Cuando todos se hayan marchado, cuando los niños se hayan ido a dormir, cuando George intente explicarle a Mary lo que le ha ocurrido, ¿de qué otro modo podría describirlo? En la película, George, por supuesto, hace poco por explicar cómo estaba perdido, pero ahora se ha encontrado, estaba ciego, pero ahora ve. En lugar de ello, podemos ver el milagro en sus ojos. Cuando, mientras está en ese puente nevado, se da cuenta de que Bert lo conoce, su labio está sangrando y los pétalos de Zuzu están en su bolsillo. Cuando corre hacia su casa bajo la nieve con el corazón tan lleno de amor que, en medio de todo el dolor que ha estado experimentando, se detiene incluso para felicitar la Navidad al viejo Potter. Cuando rodea con sus brazos a su mujer y a sus hijos e inunda de besos a Mary.

Recordemos que a esas alturas no tiene ni idea de la redención que va de camino a la casa de los Bailey, dólares de amor y muestras de respeto a un hombre que tanto ha dado a los demás. Lo único que sabe es que él también ha experimentado un milagro que no tenía nada que ver con los cambios en las circunstancias, sino con lo que quizás sea el mayor milagro de todos.

Había cambiado su corazón.

45. La edad es irrelevante; tu forma de vivir no

¡Ay, qué desperdicio de juventud!

EL HOMBRE DEL PORCHE QUE CREE QUE GEORGE DEBERÍA BESAR A MARY «EN LUGAR DE MATARLA DE ABURRIMIENTO CON TANTA CHARLA»

George y Mary caminan hacia casa después del baile de graduación cuando el joven señor Bailey le promete literalmente la luna. Ella acepta de corazón. Es un momento dulce para la pareja; no obstante, no lo es para el viejo cascarrabias que está en su porche delantero y que parece perturbado por algo; tal vez sus voces interrumpen su lectura del periódico de la tarde.

«¿Por qué no la besas en lugar de matarla de aburrimiento con tanta charla?», le sugiere sin especial cortesía.

George considera la idea, pero el hombre no tiene tanta paciencia. «¡Ay, qué desperdicio de juventud!», refunfuña antes de meterse en casa.

Una hipótesis interesante: están desperdiciando su juventud.

No sabemos con seguridad lo que quería decir el tipo del porche —ni tampoco sabemos por qué parece llevar no una, sino dos camisetas—, pero su comentario parece tener un toque de lamento, como si dijera: «Si yo volviera a ser joven, desde luego no desaprovecharía la oportunidad como tú».

Resulta curioso cuántos jóvenes desean desesperadamente hacerse mayores y cuántos mayores desean desesperadamente regresar a su juventud. ¿Qué problema hay en sentirse satisfecho con la etapa que estás viviendo?

Si *¡Qué bello es vivir!* no aborda expresamente temas relacionados con el envejecimiento, sí que lo hace de manera indirecta. Al final, una de las lecciones que George aprende en su gira con Clarence consiste en hallar satisfacción a pesar de las circunstancias de la vida. Este es el tema de Filipenses 4, 11-13:

> He aprendido a contentarme con lo que tengo. Sé andar escaso y sobrado. Estoy avezado a todo y en todo: a la saciedad y al hambre; a la abundancia y a la privación. Todo lo puedo en aquel que me conforta.

Aplicado al envejecimiento, el concepto es simple: siéntete satisfecho dondequiera que estés. La edad no es importante; sí que lo es tu manera de vivir, independientemente de tu edad. Un amigo del marido de mi madre murió a los ochenta y cinco años mientras practicaba surf en las islas Cook. Mientras tanto, yo he dado clase a unos cuantos estudiantes universitarios de veintiún años que parecen resignados a vivir la vida como una absurda espera de quién sabe qué, con el rostro marcado por esa expresión de infelicidad a caballo entre el aburrimiento y el enfado.

Si los cálculos no me fallan, cada uno de nosotros perdemos un día cada veinticuatro horas, al mismo ritmo a los ocho años que a los cuarenta y a los veinte. Es como un embalse que baja unos centímetros diarios; el nivel del agua desciende dondequiera que estemos en el lago. La única diferencia es que unos tenemos menos agua debajo que otros.

Eso no significa que debamos tomarnos muy en serio el envejecimiento. Las personas más seguras de sí mismas que conozco, algunas de ellas septuagenarias y octogenarias, se ríen constantemente del hecho de hacerse mayores. Estoy pensando en una mujer de setenta y cinco años que bromea con la mitad del alfabeto de problemas médicos que ha padecido, pero que vive con un entusiasmo increíble.

Por lo tanto, no sintamos lástima por las personas que cumplen sesenta, setenta u ochenta. Compadezcámonos de aquellas que son incapaces de hallar satisfacción con su etapa vital. Aquellas que no aprecian la maravilla del momento presente. Aquellas que, cualquiera que sea su edad, se han vuelto amargadas, como el tipo de las dos camisetas de la película, y se pierden la alegría de ver a dos jóvenes enamorados.

46. Las personas más ricas de la ciudad podrían tener poco dinero

Un brindis... por mi hermano mayor George.
¡El hombre más rico de la ciudad!

HARRY BAILEY

Al igual que los proverbiales ciegos y el elefante, la gente extrae diferentes mensajes de *¡Qué bello es vivir!*, dependiendo de la parte de la película que cada uno «palpe». Unos dirán que trata de la redención; otros, de la fe; otros, de la bondad de la América provinciana. Pero es muy difícil pasar por alto el tema de la amistad encarnado en el brindis de Harry Bailey al final de la película. A muchos se les forma en esta escena el nudo más grande en la garganta: un Harry Bailey que ha volado atravesando la tormenta de nieve para apoyar a su hermano.

Poco importa que Harry, que se ha beneficiado de los sacrificios de George en numerosas ocasiones a lo largo de los años —y que probablemente habría recibido un cuantioso pago retroactivo del ejército—, no eche ni un cuarto de dólar en las arcas de la cesta de la colada. Lo que hace con su brindis es acallar el jolgorio el tiempo suficiente para condensar la vida de su hermano en dos frases: «Un brindis por mi hermano mayor, George —propone—. El hombre más rico de la ciudad».

Unas palabras que valen su peso en oro. Unas palabras que resumen la vida de George Bailey. Una indudable lección de humildad para su hermano. Clarence recalca el tema con sus palabras, escritas en la portada del libro que le entrega a George, que dicen que ningún hombre es un fracasado si tiene amigos. Y, en verdad, resulta difícil discutir que este es el tema más profundo de la película. «De eso trata el largometraje —escribió Roger Rosenblatt en un ensayo publicado en la revista *Time* el 11 de diciembre de 2000—, de la sutil y casual sorpresa de la amistad.»[1]

Un concepto interesante este de la amistad. Carece de la profundidad y la amplitud de nuestra relación con Dios, del romanticismo y la intriga de nuestras relaciones con nuestras parejas, de los vínculos emocionales de nuestras relaciones con nuestros hijos. En ciertos sentidos, la amistad es el zumbido del aire acondicionado en nuestro lugar de trabajo: silencioso, en el trasfondo, pero esencial para nuestro bienestar. Es el cuerpo de bomberos, de guardia por si hay una emergencia. Es todo el mutuo compromiso tácito que solo en raras ocasiones se galvaniza de una manera tan emotiva y explícita como la creada por Harry con su brindis. Y, sin embargo, ¿qué sería de nosotros sin ella?

«La emoción —escribió Rosenblatt— suele ser poco expresiva; está formada por aquellas cosas que *no* hacemos: traicionar, menospreciar, ser duros. Cuando se manifiesta, con frecuencia no la vemos venir, y en ello radica su poder: en la danza cordial y lenta de la vida ordinaria.»[2]

Un taxista. Un policía. Un tío olvidadizo. La coqueta de la ciudad. Un amigo lejano de la niñez, Sam Wainwright. Puede que George no pensara mucho en su amistad con cada una de esas personas, pero, a la postre, le recuerdan no solo que esas amistades existen, sino también que él ha sido esencial en la vida de sus amigos.

Andamos atareados con los afanes cotidianos: ir a trabajar, fundar una familia, hacer voluntariado, servir en la iglesia, y suma y sigue. En medio de todo ello, las amistades pueden perderse. Cuando murió mi padre —yo tenía entonces cuarenta y dos años—, jamás olvidaré el momento en que me puse en pie para pronunciar unas palabras de elogio. Miré al mar de caras y, entre algunas que no reconocía, había unos cuantos amigos a quienes no veía desde hacía años. Amigos a los que conocía desde los doce años. Amigos que nunca habría imaginado que se habrían tomado el tiempo para acudir. Y aquello me reconfortó y me alentó de un modo que todavía hoy me conmueve.

Es como si tratáramos la amistad con indiferencia y con un cierto aburrimiento. Intelectualmente, George comprendía desde luego su poder, y mucho antes de su viaje con Clarence. ¿Recuerdas cuando Potter está intentando hacerse con el control de la compañía de empréstitos tras la muerte de Peter Bailey? George sale en defensa de su padre y de la generosidad de este (una amistad con billetes de dólar incluidos) hacia los demás. «Para él, las personas eran seres humanos —le dice a Potter—, pero para usted, un viejo frustrado y retorcido, son ganado. ¡Pues bien, a mi parecer murió siendo un hombre mucho más rico de lo que usted jamás será!»

Interesante. El brindis de Harry Bailey no era la primera referencia de la película al hecho de que la «riqueza» no es una cuestión de dinero o de bienes materiales, sino de personas y de nuestro trato hacia ellas. El primero en mencionarlo había sido George. Pero si este lo reconocía en su padre y lo vivía en su propia vida, sin embargo había llegado a darlo por supuesto, hasta los tres recordatorios en Nochebuena: Clarence mostrándole a George su influencia sobre los otros, Mary llenando el salón de amigos con sus donaciones y, por supuesto, Harry recalcándolo con su brindis.

De ese modo, había comenzado la noche sintiéndose el hombre más solo de la ciudad y termina siendo honrado como el hombre más rico de la ciudad.

47. El mundo necesita más monsergas sentimentales

¡Monsergas sentimentales!

El viejo Potter

En el mundo de Potter no hay lugar para los sentimientos. La codicia no combina bien con ellos. Así, en la escena en la que George está defendiendo la necesidad de la compañía de empréstitos para Bedford Falls —«aunque solo sea para tener un lugar al que pueda acudir la gente sin arrastrarse ante Potter»—, el viejo cascarrabias pronuncia estas dos palabras: «monsergas sentimentales».

Quienes carecen de algo en su vida racionalizan su conformidad ridiculizando ese «algo» en los demás. Sin lugar a dudas, la película está abundantemente condimentada con sentimentalismo. Pero eso molesta a algunas personas —a aquellas que quizás tengan un toque de Potter— y dice más de ellas que del largometraje.

El 22 de diciembre de 2010, el columnista galardonado con el Premio Pulitzer Paul Greenberg se enfrentó con ese mismo razonamiento a un crítico de la película. En su columna, sindicada por Tribune Media Services, Greenberg hablaba sobre un profesor universitario que había escrito que, si bien el filme puede ser «una experiencia enriquecedora al estilo de Norman Rockwell, también puede resultar asfixiante, pues uno acaba casándose con la chica con la que fue al instituto y nunca consigue ir a Europa... Nos dice que George es uno de los personajes más tristes, solitarios y trágicos jamás imaginados. Yo lloro cuando la veo».[1]

He aquí la respuesta de Greenberg: «Pues yo lloro por el profesor. No hay nada en la película que me parezca más triste que el análisis que el profesor hace de ella».[2]

¿Es George Bailey un personaje trágico? «¡Venga ya! —escribe Greenberg—. Es el hombre más rico de la ciudad, como dice su hermano al final de la película. Hace que el señor Potter, el arquetípico plutócrata de la historia, parezca un indigente. Ello se debe a que George Bailey ha amado, se ha sacrificado, ha construido, ha dado y se ha quedado solo en un par de ocasiones. Es decir, ha vivido. No ha pasado por la vida como un turista. El hecho de no llegar a ir nunca a Europa no se me antoja la clase de experiencia calificable como tragedia.»[3]

Quienes reprochan el sentimentalismo desmesurado de la película no se percatan de que vivimos en un mundo en el que no se prodigan los sentimientos. Las emociones tiernas son las que nos conectan con el Dios que nos ha creado y con aquellos que nos rodean. Son las que nos hacen humanos. Pero son demasiadas las personas que se parapetan de ellas, a la manera de Potter, y se esmeran en tacharlas de triviales monsergas sentimentales.

No obstante, eso es lo que anhelamos en el fondo: amar y ser amados. Preocuparnos por los otros y que se preocupen por nosotros. Servir y ser servidos. Para eso hemos sido creados. Para relacionarnos. Y, en efecto, eso nos provoca necesariamente emociones, ora de alegría, ora de pesar.

Sin los sentimientos no somos más que polvo. Por lo tanto, sí, bienvenidas sean las monsergas sentimentales. Eso es lo que nos recuerda que, como el salón de los Bailey en Nochebuena, estamos vivos.

48. Presta atención a la tarea que te ocupa

¿Y te guardaste el sobre en el bolsillo?

George

Sí... sí... quizás... quizás.

El tío Billy

Pobre tío Billy. Desde mediados de su cincuentena tiene problemas de pérdida de memoria (la boda de George, su edad y un sinfín de cosas) y, en la Nochebuena de 1945, tiene setenta y tres años. Debería estar jubilado y jugando al tejo en Florida. Pero, Dios lo bendiga, ahí sigue, dándolo todo por la Compañía de Empréstitos Bailey.

El problema estriba en que ese «darlo todo» no siempre es suficiente. Todo cuanto ha de hacer es depositar los ocho mil dólares en el banco y, no obstante, envuelve accidentalmente el sobre con un ejemplar del *Bedford Falls Sentinel*, que deja en el regazo de Potter. El corazón del tío Billy está en el sitio adecuado; ha estado tan atareado alardeando de la «Medalla de Honor del Congreso» de Harry que ha dejado el depósito en un segundo plano de su mente. Y, en el caso del tío Billy, ese segundo plano está muy pero que muy alejado.

A veces estamos tan ocupados pensando en los proyectos futuros que nos olvidamos de las cosas importantes que suceden delante de nuestras narices. Eso no significa que la respuesta sea, como sugiere el tío Billy, atarse cordeles en los dedos o, el equivalente del nuevo milenio, poner recordatorios en el calendario de nuestro *smartphone*. La respuesta consiste en ocuparnos de las tareas de una en una y realizar bien cada una de ellas, en lugar de adelantarnos tanto que acabemos quedándonos rezagados.

En realidad es una cuestión de prioridades. «Buscad primero su reino y su justicia —dice Mateo 6—, y todas esas cosas se os darán por añadidura. Así que no os preocupéis del mañana: el mañana se preocupará de sí mismo. Cada día tiene bastante con su propio mal» (vv. 33-34).

Merece la pena advertir que George, cuando tiene la oportunidad de culpar al tío Billy del extravío del dinero, no lo hace. Análogamente, no deberíamos ser demasiado severos con aquellos que cometen errores porque están en Babia. Entretanto, hemos de recordar que los pequeños descuidos pueden acarrear grandes problemas; una lección que habría atormentado al tío Billy durante el resto de su vida, de no haber sido porque Mary y la comunidad acudieron al rescate.

49. Las personas pueden cambiar

¿George Bailey? ¿Qué es lo que quiere?

LA IRASCIBLE MADRE DE MARY, LA SEÑORA HATCH, AL ENTERARSE DE QUE GEORGE HA IDO A VER A SU HIJA

En la película no aparece mucho la madre de Mary, la señora Hatch, pero, cuando la vemos, no da la impresión de ser la mejor compañía si te toca sentarte a su lado en una cena.

¿Qué es lo que sabemos de ella? Bueno, está divorciada o es viuda, a juzgar por el rótulo «Sra. J. W. Hatch» que vemos en el buzón antes de la escena decisiva en la que Mary invita a George a entrar. Lo más probable es que su marido haya muerto, a menos que esté vivo y no acuda a la boda de su propia hija, o bien que el director Frank Capra optara sencillamente por no presentárnoslo. Dado que las Hatch viven en una casa bastante bonita al estilo de la serie televisiva *Papá lo sabe todo*, cabría sugerir asimismo que, en caso de haber muerto, su marido ha dejado a la señora Hatch en una situación bastante desahogada o, si están divorciados, ha salido bien parada de la sentencia de divorcio. A menos que, por supuesto, tenga un empleo muy bien remunerado (lo cual no era probable para una mujer en esa década) o que sus padres estuviesen forrados y le hubiesen dejado un buen fajo de pasta.

Sabemos que la señora Hatch ayudó a criar al menos a dos hijos: Mary y su hermano pequeño Marty, que, como recordarás, fue quien hizo que se acercasen George y Mary en el baile del instituto. (Y desempeñaba un papel más prominente en la escena inicial de los trineos hasta que, en una nueva versión del guion, apenas aparece como el segundo de los niños que se desliza en su pala.)

Por tanto, si la mujer goza de seguridad financiera, si vive en una casa confortable en una pequeña y confortable localidad, y si se las ha arreglado para criar a dos hijos de primera categoría —ni que decir tiene que Mary es una fuera de serie, y es evidente que Marty es un gran muchacho que, recordemos, ayudó a capturar el puente de Remagen en la Segunda Guerra Mundial—, entonces, ¿por qué tiene tan mal genio?

En la escena en la que George visita a Mary, trata al amigo de su hija como si fuese un absoluto perdedor, al tiempo que hace alharaca del infiel Sam Wainwright como lo más grande que ha ocurrido desde las radionovelas. «No salgas de casa —le dice a Mary como si su hija tuviera ocho años—. Sam Waaaaaaaiiiiiiiinwright prometió llamarte desde Nueva York esta noche.»

Luego llama tonta a su hija. ¿Recuerdas? Cuando Mary le dice a George que Sam quiere hablar con él por teléfono, la entrometida «mamá monstruo» le dice desde el piso de arriba: «¡No quiere hablar con George, tonta!». En justicia, es cierto que George había llamado «estúpida» a Mary en aquella escena del mostrador de helados y refrescos, pero por aquel entonces no era más que un niño, así que tiene una excusa. Siendo una persona adulta, la señora Hatch debería actuar con más sensatez. Finalmente, cuando George y Mary se abrazan, la señora Hatch se da la vuelta y desaparece, con una expresión compungida en su rostro como si acabara de ver al gato de la familia aplastado por un camión de la leche.

La segunda escena en la que actúa es la breve aparición después de la boda en la que, si te fijas bien, jurarías que estaba en un funeral. Baja las escaleras detrás de George y Mary, recibe un beso fugaz de Mary y acto seguido, junto a la madre de George, sacude la cabeza con una expresión en su rostro que sugiere que acaba de comerse un pepinillo en vinagre o bien que su hija ha vendido su alma al diablo. ¿No se da cuenta acaso de que George es todo un partido? Aparentemente no.

Reconozcámoslo: la señora Hatch es una mujer amargada y gruñona que no ve el vaso ni siquiera medio vacío. Ah, pero en su última escena llega la redención. Se trata de la escena de la recaudación de dinero en el salón de George y Mary, y por primera vez advertimos que esa mujer sabe sonreír. No, no dice nada. No, no la vemos engrosar el Fondo de Amortización de George Bailey, ni siquiera sostener en brazos a un par de nietos, pero sonríe. Ríe. Se diría que comprende, quizás por vez primera, que en realidad su yerno es un hombre excelente.

Si Mary tuviera menos fe en George, en lugar de rezar por él y lanzar la colecta cuando este salió de casa aquella noche, podría haber corrido a casa de su madre para quejarse de lo despreciable que era su marido. Puede que la señora Hatch estuviera encantada de acogerla a ella y a los niños de manera permanente o temporal, pues eso le habría reportado la callada satisfacción de que estaba en lo cierto al pensar que George era un perdedor y que Sam Wainwright habría sido una elección harto más acertada.

En vez de ello, aunque Capra no desarrolla su historia, suponemos que, en algún momento entre la boda de George y Mary y esa Nochebuena —un lapso de trece años entre 1932 y 1945—, el corazón de la señora Hatch, al igual que el del Grinch, creció en tamaño.

¿Por qué? Solo podemos hacer conjeturas al respecto. Quizás los años de guerra la suavizaron. Recordemos que se unió a la madre de George para coser para la Cruz Roja y sí que esbozó una sonrisa fugaz en esa escena. Tal vez la experiencia le hizo apreciar todo cuanto tenía, incluido un honorable yerno que no tenía que marcharse a Anzio o a la playa de Omaha. Puede que un sermón le llegase al corazón. O quizás había estado amargada hasta esa misma Nochebuena, pero la visión de la efusión de amor hacia George derritió su corazón como el de Pablo camino de Damasco.

Sea como fuere, si la señora Hatch parecía miserable al principio de la película, acabó aprendiendo a sonreír, a reír y a apreciar lo que tenía en Bedford Falls. Y, de ese modo, fue capaz de sentir el derroche de júbilo en el salón de los Bailey aquella Nochebuena. Un recordatorio de que jamás deberíamos subestimar el poder de Dios para intervenir en la vida de alguien.

50. Al entrar en el mundo de un niño se expande tu mundo

Papá, ¿me arreglarás mi flor?

ZUZU A SU PADRE, GEORGE

En medio del colapso de George en Nochebuena, las cosas más curiosas le hacen recobrar la cordura, aunque solo sea de forma temporal: su hija Zuzu y su flor. Cuando sube las escaleras para ver a su hijita, ya ha hablado pestes de todo, desde la Navidad hasta las familias: los acordes de Janie al piano, la revelación de Pete de que los Brown, los vecinos, tienen un coche nuevo, ese «viejo granero lleno de corrientes de aire» que tienen como casa y el enrevesado deletreo de *frankincense* («incienso»).

Y ahí está la pequeña Zuzu, enferma en la cama con un resfriado y, sin embargo, más preocupada por la salud de una flor que ha ganado en el colegio. Admitámoslo: George no está de humor para dedicar ni un nanosegundo a ayudarla a reparar una flor; en su mente, tiene que reparar una vida entera, una vida patética, monótona y abocada a la cárcel. Y, a pesar de todo, deja de lado su regodeo en la autocompasión y sus patadas a las sillas, y concentra toda su atención en Zuzu y su flor. Finge reparar la flor, pero, en lugar de ello, esconde los «pétalos» caídos en el bolsillo del reloj. Acto seguido la coloca en un vaso de agua junto a la cama de Zuzu, apaciguando a la pequeña.

Es como si Zuzu le hiciese aferrarse a lo realmente importante. He ahí una niña pequeña a la que le preocupa más una flor que, como George acaba de gritarle al tío Billy una hora antes, «¡la bancarrota, el escándalo y la cárcel!». Las necesidades de los niños, aun cuando puedan antojársenos triviales al compararlas con las nuestras, nos zarandean suavemente y nos susurran: «No se trata de ti, amigo. Tu hija tiene una flor rota. Ocúpate de ello».

Eso es lo que hace George. El hecho de que se tome en serio las preocupaciones de la pequeña y use un poco de imaginación para resolver el problema sugiere que, por debajo de su ira, sigue siendo el George que conocemos y queremos. Aunque haya hecho falta una niña para recordárnoslo.

Uno de los *crescendos* de la película tiene lugar durante la escena en el puente nevado, cuando George rebusca en su bolsillo del reloj y le grita a Bert: «¡Los pétalos de Zuzu!». Los pétalos de papel simbolizan esas cosas aparentemente insignificantes de la vida que, en realidad, son tan importantes.

Apostaríamos a que, después de que se marchase la muchedumbre en Nochebuena, cuando George y Mary fueran a acostarse, él cogería esos pétalos y, en vez de tirarlos, los guardaría en algún sitio a modo de recordatorio. No solo de su amada hijita, sino también de lo que, en el torbellino de la complejidad de los adultos, importa de veras en la vida.

51. Algunas flores tardan en florecer

Tan afectada que raya en el lenguaje infantil.

UNA RESEÑA EN EL *NEW YORKER* CUANDO SE ESTRENÓ LA PELÍCULA[1]

Hay gente que cree que *¡Qué bello es vivir!* fue un éxito desde el principio. No fue así. La película se estrenó en diciembre de 1946 con grandes expectativas. La revista *Life* le dedicó seis páginas enteras. Apareció en la portada de *Newsweek*. Se proyectó a toda prisa en los cines antes de fin de año porque se pensaba que eso incrementaría sus posibilidades de ganar algún premio de la Academia en la primavera de 1947. No ganó ningún Óscar. Sus ingresos en taquilla fueron bajos. Y, aunque consiguió algunas reseñas de cinco estrellas, también se granjeó el desprecio de muchas de las publicaciones izquierdistas.

«Tan afectada que raya en el lenguaje infantil», escribió el *New Yorker*.[2] «Henry Travers, que Dios lo ayude, tiene la tarea de interpretar al ángel de la guarda del señor Stewart. Debe de haberle resultado agotador.»

Un crítico de *New Republic* escribió: «El Horatio Alger de Hollywood lucha con más pericia cinematográfica y con más entusiasmo que cualquier otro director para convencer a los espectadores de que la vida norteamericana es exactamente como las portadas del *Saturday Evening Post* de Norman Rockwell».[3]

«Pese a todos sus humores característicos, la película del señor Capra *¡Qué bello es vivir!...* es una sarta de tópicos cándidos y optimistas», escribió el *New York Times.*

¡Caramba!

Los críticos parecían amarla o detestarla. El negocio cayó en picado después de las vacaciones. RKO Pictures perdió quinientos veinticinco mil dólares con la película. En la temporada 1946-1947 ocupó solamente el vigésimo séptimo puesto entre los centenares de películas estrenadas. La productora cayó en la ruina financiera y finalmente entró en liquidación. «La propia película —escribió John McDonough para el *Wall Street Journal* en 1984— quedó huérfana y fue pasando de un padre adoptivo a otro... Todos la ignoraban.»[4]

Y, sin embargo, hoy son muchos los que la consideran la mejor película de Navidad de todos los tiempos. El largometraje figura en casi todas las listas de las mejores películas, ocupando la undécima posición en la lista de las Cien Mejores Películas del siglo XX del prestigioso Instituto Estadounidense del Cine.[5]

Aunque raramente vista en las décadas de 1950 y 1960, se recuperó a mediados de la de 1970. ¿Por qué? Porque nadie se acordó de renovar sus derechos de autor. Pasó a ser de dominio público y su valor comercial exclusivo se perdió irreparablemente.

¿Y cuál fue el resultado? Esa circunstancia infundió nueva vida al filme. Súbitamente, cualquier cadena de televisión que deseara emitir la película podía hacerlo de forma gratuita. Y eso es exactamente lo que hicieron las cadenas. Fue como si un ángel de la guarda (la televisión) volviera a insuflar vida a un largometraje que, al igual que George Bailey, había perdido el sentido de la autoestima.

Hoy en día figura innegablemente entre las películas más apreciadas de todos los tiempos. En septiembre de 2011, su título tuvo 34,6 millones de visitas en Google. Sus clubs de fans en línea siguen gozando de buena salud, seis décadas después de que el filme recibiera tantas malas críticas y consiguiera tan bajos ingresos en taquilla.

Por supuesto, la lección es que, al igual que sucede con las películas, a veces las personas tardan su tiempo en florecer plenamente, en alcanzar todo su potencial, en «encontrarse a sí mismas». Me viene a la mente el apóstol Pablo. También John Newton, el autor de «Amazing Grace» («Sublime gracia»). Fue un traficante de esclavos hasta que, a sus veintitrés años, cobró conciencia de su miseria y se convirtió a Cristo.

No tenemos por qué terminar en la vida tal como comenzamos. A veces una flor en particular tarda su tiempo en florecer.

52. Las revisiones de la vida fortalecen el guion

Padre nuestro que estás en los cielos...

El tío Billy, en la culminante escena final, tal como Capra la escribió originalmente

Nadie escribe un guion y espera verlo en la pantalla tal como fue escrito originalmente. El guion definitivo es el fruto de un laborioso proceso de edición. Análogamente, la historia de nuestra propia vida puede beneficiarse de las revisiones. De la audacia para ampliar nuestras perspectivas. La audacia para tener mayores aspiraciones. La audacia para arriesgarnos.

En la versión original de Capra, Potter aparece brevemente al final de la película. Después de que la gente le haya llevado su dinero a George —y, por supuesto, el director Partridge le haya dado el reloj de bolsillo a la pequeña Zuzu—, el tío Billy «*se arrodilla y empieza a rezar el padrenuestro de forma audible* —dice el guion—. *Gradualmente, todos los presentes se van sumando a la oración. Incluso Carter (el inspector bancario) y el fiscal del distrito*». Acto seguido viene una celebración. Janie toca el piano. Se sirve ponche y vino.[1]

Después: «EXT. CASA DE GEORGE – PRIMER PLANO – EN LA PUERTA. *Continúa nevando. Potter, cubierto con un pesado abrigo, está en la puerta. Observa el sobre que sostiene en la mano. Se trata del dinero del tío Billy. Dentro suena el villancico. Potter está a punto de llamar a la puerta, pero no es capaz. Algo le dice que no es digno de estar con los de dentro. Se sienta en la escalera y manosea el dinero; es un hombre solo y derrotado*».

Ni se me ocurriría cambiar el final feliz de *¡Qué bello es vivir!* tal como se rodó definitivamente; hacerlo supondría un sacrilegio equivalente, pongamos por caso, a la reconstrucción de la Estatua de la Libertad de manera que exhibiera un símbolo de la paz en lugar de sostener la luz de la libertad. Simplemente improcedente. Dicho esto, me gusta el modo en que el final original de Capra coquetea al menos con la idea de la redención para Potter, y yo fantaseo con un posible desenlace alternativo.

Capra estaba insinuando que hasta el más insensible de nosotros tiene una conciencia, incluido Potter. Estaba dando a entender que cualquiera, incluso el más mezquino de Bedford Falls, podría cambiar. Y, en esencia, ¿no consiste —o debería consistir— en eso la fe? ¿En la idea de que nadie está fuera del alcance del amor infinito de Dios?

En el desenlace original de Capra, el propio Potter se considera indigno de estar con los demás porque descubre en sí mismo unos defectos irreparables. Lo cierto es que todas las personas que están en ese salón son indignas y tienen sus defectos, incluido el héroe, George. En ese final, lo que distingue a George Bailey de Henry F. Potter no es la perfección de aquel y la imperfección de este. No, es que, cuando están en el umbral de la gracia, George decide llamar, pero Henry no. George supera su orgullo (después de luchar, se desprende de él y acepta la ayuda que le ofrece Clarence), en tanto que Potter sucumbe a la autocompasión (tras acercarse a la puerta, bloqueado por su propia culpa, no se atreve a llamar).

Es divertido tomar partido contra los malos de la película. Y confieso que me reí con el «final perdido» del programa *Saturday Night Live*, en el que George y su enfurecida turba de amigos se vengan aporreando a Potter como si estuvieran en un *ring* de lucha libre.[2]

Ahora bien, a menos que malinterprete Romanos 3, 23 —«todos pecaron y están privados de la gloria de Dios»—, ¿no tenemos todos acaso un poco de Potter en nosotros? Y si Dios es lo suficientemente misericordioso como para redimirnos, ¿no deberíamos estar deseosos de que redima a los otros?

Al analizar la película, algunos han opinado que Potter tendría que pagar las consecuencias de haberse quedado con el dinero; yo no lo discuto. Pero ¿qué tal si nos preocupáramos menos de las consecuencias de las acciones de Potter que de su corazón y de su alma? («Si es que tiene una», escucho espetar desde su tumba a Peter Bailey.) En ese caso, nuestro desenlace alternativo podría ser un híbrido del propuesto en el guion original de Capra, del utilizado efectivamente en la película y del tejido en mi imaginación espiritualmente idealista.

Potter llega hasta el porche agarrando un sobre y llama. Se abre la puerta. Aparece George Bailey, el hombre cuya familia lleva décadas golpeada por Potter y que ha estado a punto de quitarse la vida porque Potter ha robado los ocho mil dólares, y que tendría toda la razón si le cerrase la puerta en las narices.

En lugar de eso, en el rostro de George se esboza paulatinamente una sonrisa. «¡Vaya, feliz Navidad, señor Potter! —dice—. Entre antes de morir congelado. Permítame que le ayude con su silla de ruedas. ¿Un poco de ponche o quizás un vino?»

Para un hombre cuyo gélido corazón bien podría tener sus raíces en el hecho de que nadie le haya mostrado jamás una pizca de esa gracia, ese podría ser el catalizador para transformar su vida a la manera de Scrooge.

Lo sé, lo sé. Cabe argüir que el desenlace de *¡Qué bello es vivir!* ya es suficientemente sensiblero en su forma actual. Resultaría un tanto excesivo que Potter fuese conducido por George hasta el salón en su silla de ruedas, confesase haberse llevado el dinero, implorase el perdón de los Bailey, metiese el dinero robado en la cesta de mimbre, extendiese sus brazos para ser esposado por el *sheriff* y luego se uniese al coro para entonar con los demás «Hark! The Herald Angels Sing» («¡Oíd! Los ángeles mensajeros cantan»).

Está bien. Me conformaré con el desenlace utilizado efectivamente por Capra, aunque añadiría una toma final, desde fuera de la oficina de Potter, del abatido hombre que está dentro, solo, en Nochebuena. La cámara se eleva lentamente, ofreciendo una panorámica de dos estrellas celestes que centellean cuando sus voces hablan. «Hola, Joseph —dice una—. ¿Algún problema?».

«Sí, parece que tendremos que enviar a alguien allí abajo. Muchas personas están pidiendo ayuda para un hombre llamado Henry F. Potter...»

Notas

Lección 1

1. Oswald Chambers, *My Utmost for His Highest*, Deluxe Christian Classics, Barbour, Uhrichsville, Ohio, 2000 (reimp.), p. 62 (trad. cast.: *En pos de lo supremo: 365 lecturas devocionales*, Viladecavalls, Barcelona, Clie, 2007).

Lección 2

1. Michael Willian, *The Essential It's a Wonderful Life: A Scene-by-Scene Guide to the Classic Film*, 2.ª ed., Chicago, Chicago Review Press, 2006, p. 55.

Lección 3

1. De «Along Comes Mary», escrita por Tandyn Almer y grabada por The Association en 1956 en su álbum *And Then... Along Comes the Association*. Letra con derechos de autor de Universal Music Publishing Group.

Lección 5

1. Oswald Chambers, *My Utmost for His Highest*, Deluxe Christian Classics, Barbour, Uhrichsville, Ohio, 2000

(reimp.), p. 98 (trad. cast.: *En pos de lo supremo: 365 lecturas devocionales*, Viladecavalls, Barcelona, Clie, 2007).

Lección 6

1. Oswald Chambers, *My Utmost for His Highest*, Deluxe Christian Classics, Barbour, Uhrichsville, Ohio, 2000 (reimp.), p. 119 (trad. cast.: *En pos de lo supremo: 365 lecturas devocionales*, Viladecavalls, Barcelona, Clie, 2007).

Lección 9

1. Frank Capra, *The Name Above the Title*, Nueva York, The MacMillan Company, 1971, p. xi (trad. cast.: *El nombre delante del título: Autobiografía*, Madrid, T&B, 2007).
2. Michael Willian, *The Essential It's a Wonderful Life: A Scene-by-Scene Guide to the Classic Film*, 2.ª ed., Chicago, Chicago Review Press, 2006, p. 64.

Lección 12

1. Gary Kamiya, «All hail Pottersville!», *Salon.com*, 22 de diciembre de 2001, <http://www.salon.com/2001/12/22/pottersville/>.

Lección 21

1. Michael Rechtshaffen, «Not-so-wonderful start», sección de Espectáculos del *Sun Times*, Ontario, Canadá, 2012, <http://www.owensoundsuntimes.com/ArticleDisplay.aspx?e=3415067>.
2. Amy Grant, «We Believe in God», del álbum *Songs from the Loft*, 1993.

Lección 29

1. «It's a Wonderful Life» (el guion de la película homónima), The Internet Movie Script Database, <http://www.imsdb.com/scripts/It's-a-Wonderful-Life.html>.
2. *Ibid.*
3. *Ibid.*

Lección 30

1. Michael Willian, *The Essential It's a Wonderful Life: A Scene-by-Scene Guide to the Classic Film*, 2.ª ed., Chicago, Chicago Review Press, 2006, p. 113.

Lección 34

1. Oswald Chambers, *My Utmost for His Highest*, Deluxe Christian Classics, Barbour, Uhrichsville, Ohio, 2000 (reimp.), entrada de 15 de junio (trad. cast.: *En pos de lo supremo: 365 lecturas devocionales*, Viladecavalls, Barcelona, Clie, 2007).
2. *Ibid.*
3. *Ibid.*, entrada de 1 de octubre.
4. «Actor, Writer, Director – Richard Speight, Jr: *Jericho, Open Water 2, Band of Brothers*», de Jennifer Moreno, *actorslife.com*, 7 de agosto de 2007, <http://www.actorslife.com/article.php?id=128>.

Lección 35

1. Jeanine Basinger, *The It's a Wonderful Life Book*, MacMillan, 1986.

Lección 41

1. Peggy Whitley, «1980-1989», *American Cultural History*, Lone Star College, Biblioteca Kingwood en línea, <http://kclibrary.lonestar.edu/decade80.html>.

Lección 43

1. James Albert Michener, *Chesapeake: A Novel*, Nueva York, Random House, 1974 (trad. cast.: *Bahía de Chesapeake*, Barcelona, Plaza & Janés, 1980), <http://jersey.uoregon.edu/~mstrick/GeoMan_Quotes.html>.

Lección 46

1. Roger Rosenblatt, «Sometimes It's a Wonderful Life», *Time*, 11 de diciembre de 2000, <http://www.time.com/time/magazine/article/0,9171,998729,00.html>.
2. *Ibid.*

Lección 47

1. Paul Greenberg, «It's Still a Wonderful Life», 22 de diciembre de 2010, <http://www.ihavenet.com/It-is-Still-a-Wonderful-Life-PG.html>.
2. *Ibid.*
3. *Ibid.*

Lección 51

1. Michael Rechtshaffen, «Not-So-Wonderful Start». Sección de Espectáculos del *Sun Times*, Ontario, Canadá, 2012, <http://www.owensoundsuntimes.com/ArticleDisplay.aspx?e=3415067>.

2. *Ibid.*
3. Manny Farber, «TNR Film Classics: "It's a Wonderful Life", (January 6, 1947)», *New Republic*, 6 de diciembre de 2011, <http://www.tnr.com/article/film/98662/tnr-film-classics-its-wonderful-life-january-6-1947>.
4. John McDonough, «Capra's "Wonderful Life": Color It the Holiday Classic», *Chicago Tribune*, 24 de noviembre de 1985, <http://articles.chicagotribune.com/1985-11-24/entertainment/8503210402_1_american-film-liberty-films-movie>.
5. «American Film Institute's Top 100 American Films of the 20th Century», Rave Reviews, <http://www.ravecentral.com/afi.html>.

Lección 52

1. Jeanine Basinger, «Frank Capra at Work: The Original Opening Sequence», *The It's a Wonderful Life Book*, Macmillan, 1986, pp. 325-345.
2. Puedes ver esta cómica secuencia en <http://www.nbc.com/saturday-night-live/video/its-a-wonderful-life-lost-ending/1177628>.

Agradecimientos

Las siguientes personas se han ganado sus alas conmigo:

—Michael Willian, cuyo libro *The Essential It's a Wonderful Life* (Chicago, Chicago Review Press, 2004) explora como ningún otro los matices de la película.
—Jeanine Basinger, cuya obra *The «It's a Wonderful Life» Book* (Nueva York, Knopf, 1986) profundiza extraordinariamente en Frank Capra, Jimmy Stewart, Donna Reed y los demás.
—Ann Petersen, Deena Welch, Marolyn Tarrant y Sally Welch, que leyeron los primeros borradores, más agitados que el río al que se tiraron George y Clarence.
—Dean y Lou Rea, que corrigieron el manuscrito final en tan solo un fin de semana.
—Mi agente, Greg Johnson, que sigue creyendo en mí.
—La editorial Thomas Nelson, que vio el potencial en mis «monsergas sentimentales».
—Kristen Parrish y Heather Skelton, de Thomas Nelson, que fueron perspicaces, alentadoras y agradables compañeras de trabajo.

—Mis alumnos del Beachside Writers Workshop (Taller de Escritura de Beachside), que me insistieron amablemente durante años para que escribiera «el libro sobre *¡Qué bello es vivir!*».

Gracias a todos.

Su opinión es importante.
En futuras ediciones, estaremos encantados
de recoger sus comentarios sobre este libro.

Por favor, háganoslos llegar a través de nuestra web:

www.plataformaeditorial.com

Para adquirir nuestros títulos,
consulte con su librero habitual.

«En el hombre hay más cosas admirables
que despreciables.»*
ALBERT CAMUS

«I cannot live without books.»
«No puedo vivir sin libros.»
THOMAS JEFFERSON

Desde 2013, Plataforma Editorial planta un árbol
por cada título publicado.

PLATAFORMA EDITORIAL
Un árbol para cada libro

* Frase extraída de *Breviario de la dignidad humana* (Plataforma Editorial, 2013).

Dirigido a los adolescentes que se preparan para ocupar su lugar como actores en el escenario mundial, aquí se ofrece una guía para afrontar la vida con optimismo, confianza y valor.

Benjamin Ferencz ha sacado el máximo partido
de sus primeros cien años en el planeta.
En estas páginas comparte su
extraordinaria historia.